Le Saint - Esprit
Mon Ami Gouverneur

Une exploration de la Trinité et du Souffle divin

David DELLON

Sauf indication contraire, les versets et citations bibliques **utilisés sont tirés** de la version Louis Segond 1910.

Afin de donner vie aux descriptions bibliques les plus complexes, les illustrations de cet ouvrage ont été réalisées avec l'appui de l'intelligence artificielle (Google Gemini). Cette collaboration technologique permet d'offrir au lecteur une clarté visuelle unique, rendant plus concrètes les révélations contenues dans ces pages.

Graphisme de couverture : Melvin BONNARD-LOUICHET

Le Saint Esprit Mon Ami Gouverneur.

Édition : David DELLON
Contact : daviddellon@myyahoo.com
Dépôt légal : 1er trimestre 2026
ISBN : 979-10-984993-0-2
Imprimé par Amazon

Dédicaces

Cet ouvrage est humblement dédié au **Saint-Esprit**, Gouverneur du Royaume et auteur des révélations ici partagées. À mon Seigneur et Sauveur **Jésus-Christ**, le Modèle Parfait, et au **Père Éternel**, Créateur de l'Univers.

En hommage à mes parents, qui m'ont transmis le flambeau de la foi et qui ont beaucoup prié pour moi, ainsi qu'à mes frères et sœurs : Dominique, Catherine et Johan.

À ma merveilleuse épouse et à mes enfants, mes soutiens dans l'œuvre de Dieu. Un merci particulier à toi, mon épouse, pour l'énergie exemplaire que tu consacres à notre foyer et à l'Église.

À mes compagnons d'intercession, « Les Assoces », qui ont contribué à l'écriture de ce livre, et en mémoire du frère Ernest pour ses précieux conseils et enseignements, un homme passionné et ami de l'Esprit.

Enfin, je dédie ce livre à chaque âme assoiffée de la présence du Christ et du Saint-Esprit. Puisse cet écrit, fruit de longues méditations, être pour vous une source d'inspiration et de révélation divine.

Et comme j'aime le dire souvent **: que le Seigneur vous bénisse abondamment.**

Table des matières

Préface

Ce livre ne se lit pas. Il se fréquente.

Chaque chapitre est une pièce d'un palais. Vous pouvez y entrer, vous y arrêter, regarder les détails, repartir et y revenir. Certaines vérités vous parleront immédiatement. D'autres mûriront en vous dans les jours qui suivent la lecture, parfois au détour d'une prière, parfois au milieu d'une conversation ordinaire. C'est normal. C'est même le signe que le Gouverneur est à l'œuvre.

Ne cherchez pas à tout saisir d'un seul coup. Les grandes cathédrales ne se visitent pas en courant.

Si vous êtes jeune dans la foi, sachez que les deux premières parties sont les plus exigeantes théologiquement. Ne vous découragez pas. Ce que vous n'aurez pas saisi aujourd'hui, l'Esprit vous le révélera demain. À partir de la partie III, vous vous sentirez davantage chez vous.

Quelques suggestions pour tirer le meilleur de cet ouvrage :

Lisez un chapitre à la fois. Laissez-vous le temps d'assimiler avant de passer au suivant. Une vérité profondément reçue vaut mieux que dix vérités survolées.

Ayez un carnet à portée de main. Le Gouverneur a l'habitude de parler pendant la lecture. Notez ce qui vous touche, ce qui vous questionne, ce qui vous libère. Ces notes pourraient bien devenir les fondations de votre prochaine saison spirituelle.

Revenez sur les passages qui résistent. Si une section vous semble complexe au premier abord, ne la sautez pas. C'est souvent là, dans la résistance, que se cache la révélation la plus précieuse.

Priez avant d'ouvrir ce livre. Non par rituel, mais par nécessité. Cet ouvrage parle du Saint-Esprit. Il est donc normal de L'inviter à vous guider pendant que vous le lisez. Il connaît chaque page mieux que son auteur.

Prenez ce temps. Vous ne le regretterez pas.

Introduction : Le Gouverneur oublié du Royaume

Il y a une question que peu osent formuler à voix haute, mais que beaucoup portent en silence : pourquoi ma vie de foi ressemble-t-elle si souvent à un effort solitaire ?

Vous priez. Vous lisez. Vous vous engagez. Et pourtant quelque chose manque, une puissance intérieure que vous pressentiez à votre conversion et qui semble s'être éloignée, une direction que vous cherchez dans la confusion des décisions importantes, une paix que vous réclamez mais qui tarde à venir. Vous effectuez le travail, mais vous avez l'impression de le faire seul. Si vous vous reconnaissez dans ces lignes, ce livre est pour vous !

Ce que vous avez peut-être manqué n'est pas une méthode de plus, ni un programme de formation spirituelle. Ce que vous avez peut-être manqué, c'est une Personne. Dans l'histoire de l'Église, nulle figure divine n'a été aussi systématiquement ignorée, réduite ou mal comprise que le Saint-Esprit. Le Père, nous le connaissons : la source, le Créateur, Celui qui envoie. Le Fils, nous le connaissons aussi : Jésus-Christ, notre Rédempteur, le Roi intronisé. Leurs rôles, leurs noms, leurs histoires nous sont familiers.

Mais le Saint-Esprit ? Pour beaucoup, Il est une force vague, une émotion collective lors des moments d'adoration, une puissance mystérieuse réservée à des gens exceptionnels. Au mieux, un consolateur. Au pire, une énigme. Ce malentendu a des conséquences bien réelles. Car si le Roi Jésus est monté au ciel, quelqu'un devait nécessairement rester pour administrer Ses affaires sur la terre. Quelqu'un devait appliquer Sa volonté, former Ses citoyens, étendre les frontières de Son Royaume jusqu'à Son retour. Ce quelqu'un, c'est le Saint-Esprit. Et Il n'est pas venu en visiteur.

Imaginez un ambassadeur envoyé dans un pays étranger par son Roi. Il n'arrive pas les mains vides : il porte l'autorité de son Gouvernement, l'accès aux ressources de son Royaume, la mission de transformer le territoire qu'il administre selon la culture de sa métropole. Il ne représente pas seulement le Roi, il le rend présent là où le Roi n'est pas corporellement. C'est exactement ce que le Saint-Esprit est venu faire. Non pas planer mystérieusement au-dessus des croyants, mais s'installer à l'intérieur d'eux comme un Gouverneur légitime, réorganisant chaque pièce de leur vie selon la volonté du Roi. Ce changement de perspective, passer du Saint-Esprit comme force mystérieuse au Saint-Esprit comme Gouverneur du Royaume, ce n'est pas une nuance théologique. C'est une révolution pratique. Elle change la manière dont vous priez, dont vous prenez des décisions, dont vous traversez les épreuves, dont vous traitez vos ennemis, dont vous portez les fardeaux des autres. Elle change tout.

Ce livre est né d'un constat personnel : des années à côtoyer des croyants sincères, passionnés, engagés qui vivaient cependant à côté de la puissance qui leur avait été promise. Non par manque de foi, mais par manque de connaissance de Celui qui habitait en eux, comme quelqu'un qui posséderait un palais sans en avoir jamais visité les pièces les plus riches.

Il y a deux dimensions à cette transformation que nous explorerons ensemble.

La première est extérieure : comment le Gouverneur dirige l'Église, distribue les dons surnaturels et manifeste la puissance du Royaume dans le monde. Ce n'est pas réservé aux prédicateurs ou aux théologiens, c'est l'équipement de base de tout citoyen du Royaume.

La seconde est intérieure : comment Il travaille au cœur de chaque croyant pour produire le caractère du Roi : l'amour, la joie, la paix, la patience, la bonté, la bienveillance, la fidélité, la douceur et la maîtrise de soi. Non pas comme un code moral à respecter, mais comme la nature même d'une vie habitée par Dieu.

Avant de saisir Sa mission, il nous faut d'abord comprendre qui Il est et d'où Il vient. Le Gouverneur n'est pas une force isolée : Il est la troisième Personne d'un Dieu qui est Un et Trois à la fois. Ce mystère est le fondement de tout le reste. Mais une promesse avant de tourner la page : ce que vous allez découvrir n'est pas réservé à une élite spirituelle. L'Esprit Saint ne visite pas, Il s'installe. Et Il est déjà là, dans votre vie, attendant que vous reconnaissiez enfin qui Il est.

PARTIE I : LES FONDATIONS THÉOLOGIQUES

Qui est Dieu et comment se révèle-t-il ?

Chapitre 1 - La Trinité : Une symphonie divine

« Allez, faites de toutes les nations des disciples, les baptisant au nom du Père, du Fils et du Saint-Esprit… » **(Mt 28 :19)**

Soyons honnêtes dès les premières pages : le mystère de la Trinité est sans doute le concept le plus complexe, mais aussi le plus central du christianisme. Pour beaucoup, il ressemble à un défi jeté à la raison humaine. Pourtant, c'est dans cette apparente complexité que se cache la clé de notre relation avec Dieu.

Comme toute grande vérité qui bouscule nos certitudes, la Trinité rencontre des oppositions tenaces. C'est pourquoi, avant de plonger dans les profondeurs de ce mystère et de découvrir la beauté de cette symphonie divine, nous allons aborder de front les objections les plus courantes des antitrinitaires. En cartographiant ces doutes, qu'ils soient bibliques, historiques ou logiques, nous ne cherchons pas seulement à y répondre, mais à préparer le terrain pour une compréhension plus haute : celle d'un Dieu qui n'est pas une solitude figée, mais un mouvement d'amour éternel.

Les Objections : cartographier les doutes

Avant de plonger au cœur de la doctrine, il nous faut reconnaître honnêtement que la Trinité oppose une certaine résistance à l'esprit. Ce n'est pas une faiblesse du lecteur, mais la marque d'une vérité qui dépasse les limites de la raison ordinaire. Les objections antitrinitaires s'appuient généralement sur trois piliers. Les comprendre, c'est déjà commencer à les dépasser.

- L'Argument Biblique

Certains brandissent le Shema Israël **(Dt 6 :4)** : *« Écoute Israël, l'Éternel notre Dieu est le seul Éternel. »* Ils y ajoutent souvent la parole de Jésus : *« Le Père est plus grand que moi »* **(Jn 14 :28)**. Cependant, il faut comprendre que ces mots ont été prononcés dans le contexte de l'Incarnation, au moment où le Fils éternel a consenti à revêtir une nature humaine limitée. Comme l'exprime l'épître aux Philippiens il s'est *« dépouillé lui-même »* **(Ph 2 :6-7)** en prenant la forme d'un serviteur. Ce n'est pas une déclaration d'infériorité de nature (ontologique), mais la description d'un abaissement volontaire et temporaire. Loin de contredire la Trinité, le Shema en affirme le socle : il n'y a qu'un seul Dieu, une seule essence dont les trois Personnes partagent la plénitude.

- L'Argument Historique

D'autres soutiennent que la Trinité serait une *« invention tardive »* des conciles du IVe siècle, une sorte de contamination de la foi chrétienne par la philosophie grecque. Mais cette objection inverse la réalité des faits : les conciles de Nicée (325) et de Constantinople (381) n'ont pas *« inventé »* la Trinité ; ils l'ont défendue. Ils ont dressé des remparts contre des interprétations nouvelles qui menaçaient de la dénaturer. Que ce soit dans les écrits des Pères apostoliques dès le IIe siècle, les formules de baptême ou les chants liturgiques anciens, tout atteste que l'Église priait et confessait un Dieu Trine bien avant le premier concile.

- L'Argument Logique

Enfin, le rejet de l'équation *« 3 = 1 »* paraît d'une logique imparable, mais seulement si l'on s'obstine à percevoir Dieu à travers le prisme d'une addition mathématique. C'est une caricature. La Trinité n'affirme pas que trois individus forment un seul individu. Elle révèle quelque chose de bien plus profond, que nous allons maintenant explorer.

Le Mystère accessible

Si la Trinité est l'affirmation d'un seul Dieu en trois personnes, comment l'esprit humain peut-il l'appréhender sans s'y perdre ?

La tradition rapporte une anecdote célèbre à ce sujet : Saint Augustin, marchant sur une plage en essayant de comprendre la Trinité, vit un enfant puiser l'eau de la mer avec un petit coquillage pour la vider dans un trou de sable.

- Augustin lui dit : « C'est impossible ! »

- L'enfant répondit : « Il est plus facile de vider la mer dans ce trou que pour toi de faire entrer le mystère de la Trinité dans ta tête.

». Pourtant, en théologie, un « mystère » n'est pas une énigme insoluble. C'est une réalité si profonde qu'elle dépasse l'intelligence humaine tout en restant accessible par révélation.

Aucune image ne peut, à elle seule, contenir le mystère de la Trinité. C'est pourquoi nous en utiliserons plusieurs, non pour les opposer, mais pour les faire dialoguer.

Chacune éclaire une facette différente de la réalité divine :

- La première révèle l'unité de Dieu,
- La deuxième met en lumière la distinction des personnes,
- La troisième va plus loin : elle nous montre comment Dieu entre en relation avec nous.

Ces images ne se corrigent pas entre elles, elles s'approfondissent.

Comme plusieurs angles sur un même diamant, elles ne changent pas l'objet, elles le révèlent.

Car la Trinité n'est pas une vérité à contempler de loin.

Laissez ces images travailler. La première commence ici.

Le fondement de la doctrine trinitaire réside dans cette vérité : Dieu, dans son essence unique et insaisissable, a choisi de se révéler à nous à travers des relations et des concepts que nous pouvons comprendre par notre propre expérience de vie. En voici une qui change tout.

De l'Ombre au Volume

Presque tout ce qui existe possède une largeur, une hauteur et une profondeur. Pour comprendre la nature de Dieu, il faut d'abord comprendre notre propre limite. Imaginez un objet en trois dimensions placé sous une lumière : il projette une « ombre » sur le sol. Cette ombre est réelle, elle nous donne une idée de la forme de l'objet, mais elle est incomplète. Elle est plate, sans épaisseur et sans vie.

Nos concepts humains sont comme ces ombres. Ils sont des projections de la vérité divine sur le sol de notre réalité terrestre. L'erreur serait de croire que l'ombre est l'objet lui-même. La révélation nous invite à lever les yeux de l'ombre pour découvrir le « Volume ».

La Formule fondamentale : Un Dieu en trois dimensions

On entend souvent dire que Dieu est « un en trois ». Mais attention : cela ne veut pas dire qu'il y a trois dieux, ni que Dieu change de costume selon les moments.

Dieu est comme un espace total. Il est un seul Dieu, mais il est tellement vivant qu'Il s'exprime en « trois dimensions » simultanées, nous faisant passer de la surface plane à la plénitude :

Le Père, c'est la Hauteur : Il est la source de tout, la transcendance, celui qui veille sur nous et nous porte.

Le Fils (Jésus), c'est la Largeur : C'est Dieu qui étend ses bras vers nous. Sur la croix, ses bras ouverts dessinent l'horizon de son amour, capable de rejoindre chaque être humain dans sa réalité.

Le Saint-Esprit, c'est la Profondeur : C'est Dieu qui entre à l'intérieur de nous. Il n'est pas juste « à côté », il habite et anime le plus profond de notre cœur.

L'unité indivisible

Ces trois dimensions ne se relayent pas, elles existent ensemble. En mathématiques, pour calculer un volume, on ne fait pas 1+1+1=3. On multiplie les dimensions entre elles : **1 x 1 x 1 = 1**.

C'est là le secret : de même qu'il est impossible de retirer la profondeur à un cube sans qu'il cesse d'être un cube, on ne peut isoler une personne de la Trinité. C'est un seul volume, une seule réalité, une seule essence divine.

L'ombre que nous percevons ici-bas nous indique simplement qu'une lumière brille et qu'un Volume nous surplombe. En ce moment même, cette réalité vous enveloppe : le Père vous protège, le Fils vous accompagne et l'Esprit vit en vous.

L'Analogie de l'Eau : unité de substance et distinction des personnes

Dans la nature, l'eau possède une propriété unique : elle est la seule substance que l'on trouve couramment sous ses trois formes : solide, liquide, gazeuse. Cette analogie illustre deux vérités fondamentales de la doctrine trinitaire.

L'Unité de Substance : Qu'elle soit liquide, solide ou gazeuse, la substance reste la même : H_2O. De même, le Père, le Fils et l'Esprit possèdent une seule et même essence divine. Ils sont indivisibles dans leur nature.

Bien que la substance soit la même, chaque état se manifeste d'une manière différente, illustrant les rôles distincts des trois personnes divines :

Dieu le Père - La Glace (La Sainteté Originelle) : La glace est rigide et immuable. Elle symbolise la Justice inflexible et la Sainteté absolue du Père. Il est un Amour si pur et si concentré qu'il en devient insoutenable pour notre nature déchue ; une lumière si vive qu'elle aveugle, un froid si intense qu'il brûle. Sans médiation, sa pureté totale anéantirait l'imperfection.

L'Esprit Saint - La Vapeur (Le Souffle de Puissance) : La vapeur est invisible, bouillante et imprévisible. Elle symbolise le Souffle (*Ruach*) et la puissance agissante. C'est l'agent de la transformation radicale, capable de briser les résistances, rappelant le feu et le vent de la Pentecôte.

Dieu le Fils (Jésus) - L'Eau Douce (Le Médiateur Accessible) : L'eau liquide est la seule forme que l'on peut approcher, toucher et boire. Elle représente l'Incarnation : Dieu s'est "ajusté" à notre température. En Jésus, l'Amour du Père devient l'Eau Vive **(Jn 4 :10)** que l'on peut consommer pour recevoir la vie sans être détruit par la gloire.

Mise en garde : Le piège du modalisme

Cette analogie reste limitée. Les états de l'eau ne sont pas co-éternels : l'eau doit changer de mode pour passer d'un état à l'autre. Or, contrairement aux états de l'eau qui se succèdent, les trois Personnes de la Trinité sont co-éternelles et existent simultanément. Elles ne sont pas trois masques successifs de Dieu, mais trois Personnes distinctes vivant en communion permanente.

La Périchorèse : La danse de l'unité

Pour bien comprendre cette simultanéité, la théologie utilise un concept puissant : la Périchorèse (du grec *peri*, *« autour »*, et *chora*, *« espace »* ou *« danse »*). C'est l'idée que les trois Personnes divines ne sont pas simplement côte à côte, mais qu'elles habitent littéralement l'une dans l'autre.

Imaginez trois projecteurs de lumière : rouge, vert et bleu. Chacun a sa couleur propre, mais lorsqu'ils convergent, ils ne forment qu'une seule lumière blanche. Si vous êtes dans cette lumière, vous êtes dans les trois à la fois.

« Ne crois-tu pas que je suis dans le Père, et que le Père est en moi ? » **(Jn 14 :10)**. Dieu n'est pas une statue figée. C'est un mouvement éternel d'amour, une « danse » où le Père se donne au Fils, le Fils au Père, dans l'unité de l'Esprit. C'est ce mouvement qui nous attire et nous invite nous aussi à entrer, dans cette communion. Mais la Trinité n'est pas restée dans les hauteurs à nous faire signe de loin. Elle a décidé de se déplacer vers nous, d'émettre dans notre direction. Et pour comprendre comment ce Dieu infini a choisi de rejoindre notre réalité finie, voici une image tirée de notre quotidien.

L'Analogie de la communication : comprendre par les ondes

Si les théologiens anciens parlaient de *« substance »* ou de *« nature »*, notre époque moderne nous offre un nouveau langage : la radio ou le téléphone. Une image simple et quotidienne qui éclaire l'Un se manifestant à travers l'infini.

- Le Père : La Source, celui qui veut nous parler

Tout système de communication commence par une volonté d'émettre. Imaginez-vous juste avant de parler : votre pensée est déjà complète dans votre tête, mais aucun mot n'est encore sorti de votre bouche. Pensez à une page blanche avant qu'on écrive dessus : elle n'est pas *« vide »*, elle contient toutes les histoires possibles. Ou au silence juste avant la première note d'un musicien : ce silence est plein de promesses. Le Père est exactement cela : la Source de tout, Celui qui veut se faire connaître. Son silence est chargé d'amour, comme celui d'un parent qui s'apprête à parler tendrement à son enfant.

- Le Fils : Le Message qui prend forme

Pour que votre pensée arrive jusqu'à quelqu'un d'autre, elle doit prendre une forme concrète : des mots, un geste, une lettre. Jésus est exactement cela : la pensée de Dieu qui prend forme humaine pour que nous puissions la comprendre. Quand vous écrivez *« Je t'aime »* à quelqu'un, ces mots ne sont pas séparés de votre amour : ils sont votre amour rendu visible. Jésus est l'amour de Dieu rendu visible, touchable, compréhensible. C'est pourquoi il peut dire : « Qui m'a vu a vu le Père. »

- Le Saint-Esprit : L'Onde Porteuse, le souffle invisible

Comment votre voix peut-elle traverser des kilomètres pour atteindre quelqu'un au téléphone ? Grâce à des ondes invisibles qui voyagent partout, traversent les murs, remplissent l'espace mais qu'on ne peut entendre que si l'on a un appareil *« allumé »* et réglé sur la bonne fréquence. L'Esprit Saint fonctionne exactement comme ces ondes invisibles : il est partout à la fois, il traverse tous les obstacles, il porte le message de Jésus jusqu'à nous.

En ce moment même, pendant que vous lisez ces lignes, des centaines d'émissions de radio traversent la pièce où vous êtes. Vous ne les entendez pas, mais elles sont là. Dès que vous allumez un poste et trouvez la bonne station, vous les recevez instantanément. L'Esprit Saint est cette présence constante de Dieu qui attend qu'on ouvre notre cœur.

C'est pourquoi Jésus a déclaré : *« Il vous est avantageux que je m'en aille, car si je ne m'en vais pas, le Consolateur ne viendra pas vers vous »* **(Jn 16 :7)**. Le départ physique du Fils rendait possible la présence universelle de l'Esprit.

La Transformation qui permet la communication

La voix humaine est une vibration mécanique : elle a besoin d'un support matériel pour voyager. L'onde électromagnétique, elle, est autonome, elle traverse le vide absolu avec une liberté totale. Lorsque nous téléphonons, notre voix est convertie en signal, diffusée sous forme d'onde, puis reconvertie en son à l'arrivée.

Spirituellement, la même transformation s'opère. Le Verbe s'est fait chair (incarnation mécanique) puis, par sa résurrection et l'envoi de l'Esprit, il devient présence spirituelle universelle, capable d'atteindre tout cœur, en tout lieu, en tout temps.

— ✦ —

Conclusion : Une Relation À Vivre

La Trinité n'est pas un problème mathématique à résoudre, c'est une relation vivante à expérimenter. Les objections que nous avons examinées au seuil de ce chapitre sont réelles et méritent d'être prises au sérieux. Mais elles s'effacent devant la cohérence lumineuse d'une vérité que la Parole révèle, que l'histoire confirme, et que l'expérience spirituelle fait vibrer.

Dieu n'est pas une solitude figée. Il est un mouvement d'amour éternel. Nous ne créons pas Dieu par notre foi ; nous accordons simplement notre cœur sur Sa fréquence. Et cette fréquence n'a jamais cessé d'émettre.

Mais la Trinité n'est pas qu'une vérité à contempler. Elle s'est déployée dans l'histoire avec fracas, avec chair et sang. C'est cette histoire que nous allons maintenant traverser.

Chapitre 2 - Du Silence à la Parole : L'Incarnation et la Résonance

« Au commencement était la Parole, et la Parole était avec Dieu, et la Parole était Dieu. Elle était au commencement avec Dieu. Toutes choses ont été faites par elle, et rien de ce qui a été fait n'a été fait sans elle. » **(Jn 1 :1-3).**

Le texte de l'apôtre Jean nous place au cœur du mystère : avant que le monde ne soit, avant même que la première vibration de lumière ne déchire l'obscurité, Dieu était déjà *« Parole »*. Mais une parole encore contenue dans le silence éternel du Père. Pour comprendre l'architecture de notre foi, il faut contempler ce mouvement vertigineux où le Silence de la Source devient le Verbe manifesté.

Dans le chapitre précédent, nous avons contemplé la Trinité dans sa danse éternelle et sa structure de communication. Mais cette réalité divine ne s'est pas déployée dans un vide. Elle est entrée dans une histoire humaine marquée par une rupture fondamentale et par un plan de sauvetage d'une précision admirable.

Ce chapitre nous conduira de la Chute, cette désynchronisation fatale entre l'homme et Dieu, jusqu'à la résonance parfaite que l'Esprit rend possible en nous. En chemin, nous comprendrons pourquoi l'Incarnation était le seul chemin possible, et ce que cela signifie concrètement pour notre vie spirituelle.

La Chute : Une Désynchronisation fatale

Avant de comprendre ce qui se brisa, il faut comprendre ce qui existait. L'homme n'est pas seulement un être biologique. Il a été façonné à l'image d'un Dieu tripartite donc tripartite lui aussi : esprit, âme et corps. Dans cet ordre voulu par Dieu, c'est l'esprit qui tenait les rênes. Il était l'espace intime où le Gouverneur habitait, le point de contact vivant entre l'homme et son Créateur. Par lui, l'homme participait à la vie même de Dieu. C'est cet espace, et lui seul que le péché allait fracasser.

Si vous vivez dans les îles, vous connaissez ce moment de tension lorsqu'un cyclone fait tomber les câbles électriques. La maison plonge dans l'obscurité, le silence s'installe, et tout ce qui faisait battre le cœur de votre foyer, la lumière, la communication, le confort s'arrête net. On peut essayer de vivre à la bougie, de s'adapter tant bien que mal, mais rien ne remplace le courant.

C'est exactement ce qui s'est passé à l'Éden. En péchant, Adam perdit le Saint-Esprit lui-même, cette présence divine qui lui permettait de vibrer à l'unisson avec son Créateur. Ce qui mourut en lui ce jour-là, ce n'était pas son corps : son cœur continuait de battre, ses poumons de respirer, et la longévité des premiers hommes en témoigne. Ce qui s'éteignit, c'est son esprit, le *Nēshamah*, ce souffle de vie qui faisait de l'homme bien plus qu'un être biologique. La voix du Gouverneur n'était plus qu'un lointain écho. La musique s'arrêta. Sans cette présence intérieure, l'homme est passé du statut de **Gérant de la Création** à celui de **Simple Habitant Biologique**. Il lui fallait un plan de secours. Un plan de restauration.

Pour préciser cette déconnexion, j'utilise souvent une image tirée de mon milieu professionnel. Lorsque je me déplace sur le terrain, j'utilise un talkie-walkie pour joindre ma station directrice. Chaque communication repose sur une fréquence précise : si je m'éloigne trop, le signal s'évanouit ; si je suis sur le mauvais canal, aucun message ne passe. Pour informer ma base et recevoir des instructions, je dois impérativement rester sur la bonne fréquence et maintenir la bonne configuration.

C'est exactement ce qu'il advint de l'esprit de l'homme : il n'était plus sur la bonne fréquence de Dieu. Déconnecté de la Source, il ne pouvait plus entendre Sa voix. Il était alors incapable de transmettre ou de recevoir les directives du Royaume. Il s'est malheureusement branché sur la fréquence du monde déchu et sur celle des mauvais esprits. D'homme spirituel, gouverné par l'esprit, il était devenu homme charnel, homme animal, gouverné par sa chair. Et comme le dit l'apôtre Paul : *« l'homme animal ne reçoit pas les choses de l'Esprit de Dieu, car elles sont une folie pour lui, et il ne peut les connaître, parce que c'est spirituellement qu'on en juge »* **(1 Co 2 : 14)**. Sans le Gouverneur, l'homme n'est plus qu'un palais vide, dont toutes les pièces attendent en silence que quelqu'un y rétablisse le courant.

Le Plan de Salut : L'Émission du secours

Dieu n'a pas abandonné sa création au silence. Il a décidé d'émettre à nouveau, mais cette fois d'une manière que l'homme, dans sa condition limitée, pourrait enfin capter. Ce plan de sauvetage s'articule en trois étapes.

L'Intention (Le Père) : il conçoit la rédemption. Ce n'est pas un plan de condamnation, mais une mission de recherche et de sauvetage.

La Transmission (Le Fils) : Dieu envoie sa Parole. Pour que l'homme puisse l'entendre, cette Parole doit quitter les sphères de l'invisible pour entrer dans le spectre audible et visible de l'humanité. C'est l'Incarnation.

Le Réglage (Le Saint-Esprit) : l'Esprit prépare le terrain. Il inspire les prophètes, annonce la venue du Messie.

L'Incarnation : Le mystère du dépouillement

Pour nous rejoindre, la Parole éternelle a consenti à prendre forme humaine. Cette réalité révèle trois dimensions du mystère divin qu'il convient de distinguer soigneusement :

Le Christ Éternel : La Parole avant le temps. Avant que le monde ne fût, le Christ existait déjà **(Jn 1 :1)**. Il est la Parole par laquelle tout a été créé, partageant la même nature divine que le Père.

Le Saint-Esprit : Le Façonneur de l'Incarnation. L'Esprit est le lien entre le divin et l'humain. C'est lui qui, sur ordre du Père, vient préparer un corps pour la Parole dans le sein de Marie. Il rend possible l'impossible : l'entrée de l'Éternel dans le temporel, la conversion de l'onde en chair.

Jésus : Le Christ devenu homme. Jésus est le nom de cet homme façonné par l'Esprit, qui a marché parmi nous. Une distinction essentielle s'impose : *« Christ »* désigne sa nature divine et éternelle, tandis que *« Jésus »* désigne sa nature humaine, inscrite dans l'histoire.

Le Dépouillement : pourquoi Jésus priait-il ?

Beaucoup de croyants s'interrogent : si Jésus est Dieu, pourquoi avait-il besoin de prier son Père ? Cette question légitime trouve sa réponse dans une réalité profonde : le dépouillement volontaire.

En s'incarnant, le Christ n'a pas cessé d'être Dieu, mais il a accepté de mettre de côté ses privilèges divins, son omniscience, sa toute-puissance, pour revêtir la fragilité d'un serviteur. *« Lequel, existant en forme de Dieu, n'a point regardé comme une proie à arracher d'être égal avec Dieu, mais s'est dépouillé lui-même... »* **(Ph 2 :6-7).** Imaginez un roi qui retirerait sa couronne pour s'habiller comme un mendiant afin de vivre parmi les plus pauvres. Il reste roi par nature, mais il accepte d'avoir faim et froid comme ses sujets. C'est exactement ce que Jésus a fait. En s'incarnant, Jésus a revêtu une chair semblable à la nôtre, mais exempte de la souillure du péché. Il est venu comme le "Dernier Adam", un homme parfait, mais qui, dans son abaissement volontaire, a choisi de ne pas puiser dans ses propres ressources divines.

Le moment de son baptême est, à cet égard, une révélation fondamentale. En recevant l'Esprit Saint au Jourdain, Jésus ne devenait pas plus "Dieu" qu'il ne l'était déjà ; il manifestait ce que l'homme était originellement appelé à être. Il prouvait, par l'exemple, que l'être humain n'atteint sa pleine stature que lorsqu'il est habité par le Gouverneur. En agissant ainsi, le Christ restaurait le modèle de l'Éden : un corps pur, une âme soumise et un esprit vibrant sur la fréquence du Père. Même le Message incarné a choisi de dépendre de l'Onde porteuse pour finaliser sa transmission sur terre. ».

La Croix et la Pentecôte : Le câble réparé

Voici la clé de tout : le salut n'est pas seulement une amnistie juridique. Ce n'est pas simplement un pardon accordé depuis le ciel à un coupable sur la terre. Le salut, c'est le rétablissement de l'électricité spirituelle.

À la Croix, le câble arraché en Éden a été réparé. Par sa mort et sa résurrection, Jésus a rendu possible ce qui était devenu impossible depuis la Chute : que le Saint-Esprit revienne habiter en l'homme. C'est exactement ce qui se produit à la Pentecôte.

Imaginez la joie immense, les cris de soulagement dans un quartier lorsque, après des jours de noirceur et de silence, la lumière jaillit à nouveau dans chaque foyer. C'est l'expérience de la Pentecôte. L'accès au réseau divin est rétabli. La communion est de nouveau possible. Le courant circule.

L'Écriture nous dit : *« Et soudain il vint du ciel un bruit comme celui d'un vent impétueux [...] et ils furent tous remplis du Saint-Esprit. »* **(Ac 2 :2-4)**. Ce n'est pas le récit d'un miracle isolé. C'est l'accomplissement du plan conçu avant même la fondation du monde : l'homme reconnecté à sa Source, le récepteur restauré, la vie divine à nouveau diffusée.

Comme le souligne l'Apocalypse, le nom des rachetés est écrit dès l'origine dans le livre de vie de l'Agneau immolé **(Ap 13 :8)**. Cela signifie qu'avant même qu'Adam ne péchât, avant même que la faille n'existe, la solution était déjà scellée dans le cœur de Dieu.

La Croix n'était pas un secours d'urgence, mais le plan original : l'expression ultime et parfaite de l'amour divin.

Quand l'homme capte le signal Divin

Comme nous l'avons vu dans le chapitre précédent, les ondes porteuses nous permettent d'entendre une voix à l'autre bout de la planète. Cela peut paraître surprenant, mais ce n'est pas parce que l'onde voyage physiquement jusqu'à nous : c'est parce qu'elle est déjà là, partout, omniprésente. Elle "baigne" notre environnement, attendant simplement qu'un récepteur s'allume et se règle sur sa fréquence exacte pour rendre le message audible.

La vie spirituelle obéit au même principe. Dieu ne cesse jamais d'émettre. Sa Parole est déjà présente, portée par l'Esprit qui remplit tout l'espace. Mais pour l'entendre, nous devons accorder notre récepteur intérieur. Lorsque notre esprit s'aligne sur la fréquence de l'Esprit Saint, la Parole devient soudainement audible. La distance s'efface. Nous sommes instantanément connectés à la Source.

« Celui qui a des oreilles pour entendre, qu'il entende », cette parole du Christ prend ici tout son sens. L'Esprit est l'onde porteuse qui rend enfin présent l'Invisible.

L'Écho : preuve que le message est arrivé

En physique, toute onde qui se déplace finit par rencontrer un obstacle. À cet instant précis naît l'écho : le son frappe une surface, rebondit et revient vers sa source.

Spirituellement, lorsque la Parole divine frappe un cœur disposé, elle ne s'éteint pas. Elle rebondit. La louange, la prière et l'adoration sont l'écho de la voix de Dieu qui retourne vers Lui, la preuve vivante que le message a été reçu, qu'il a rencontré une âme capable de le refléter. Le prophète Ésaïe avait compris ce principe lorsqu'il déclarait que, tout comme la pluie et la neige ne retournent pas au ciel sans avoir arrosé et fécondé la terre : *« Ma parole, celle qui sort de ma bouche, ne revient pas à moi sans effet, sans avoir fait ce que je désire et rempli la mission que je lui ai confiée. »* **(Is 55 :11)**. La Parole descend. Elle accomplit son œuvre. Puis elle remonte vers le Père, transformée en fruits, en gratitude, en vie nouvelle. Mais comment cette remontée s'opère-t-elle ? Si la Parole descend comme une pluie fertile pour accomplir son œuvre, comment remonte-t-elle vers le Père ? C'est ici que s'accomplit le rôle du Saint-Esprit.

Comme nous l'avons vu,ab la Parole était l'eau et le Saint-Esprit était la vapeur. Pour que l'eau tombée sur terre retourne au ciel, elle doit changer d'état : c'est l'évaporation. De la même manière, nos prières et nos louanges ne sont pas de simples mots humains. Elles sont portées, transformées et élevées par le souffle de l'Esprit jusqu'au trône de grâce.

L'écho spirituel est ainsi complet et trinitaire :

La Descente : Le Père parle par Sa Parole (la pluie)

L'Impact : Le cœur reçoit et répond (le fruit)

L'Ascension : L'Esprit transporte notre réponse vers le Père (la vapeur). Comme l'écrit l'apôtre Paul, alors que nous ne savons pas prier, « L'esprit lui-même intercède pour nous » **(Rm 8 :26).**

L'écho est notre signature de réception : « J'ai entendu, Seigneur, et par Ton Esprit, je te réponds. ».

La Résonance Parfaite : Le Marpé (מַרְפֵּא)

Il existe un phénomène encore plus profond que l'écho : la résonance. Lorsque deux objets vibrent exactement à la même fréquence, ils entrent en résonance. L'un fait vibrer l'autre sans même le toucher. L'énergie se transmet, s'amplifie, c'est le principe qui permet à un chanteur de briser un verre par la seule puissance de sa voix accordée à la fréquence naturelle du cristal.

Spirituellement, quand un être humain s'accorde parfaitement à la fréquence de l'Esprit, il ne se produit plus simplement une réception du message. Il y a vibration commune. L'homme commence à vibrer à la même fréquence que l'onde divine. Son être tout entier entre en harmonie avec la Source.

Cette synchronisation parfaite produit ce que l'hébreu appelle le Marpé (מַרְפֵּא, la guérison). L'étymologie de ce mot est une clé d'architecture intérieure :

מ (Mem) → l'eau, l'alignement, la fluidité

ר (Resh) → la tête, la pensée

פ (Pey) → la bouche, la parole

א (Aleph) → la force première, Dieu

Le Marpé, c'est l'alignement de nos pensées et de nos paroles avec la force de Dieu. Guérir, ce n'est pas seulement recevoir un message divin : c'est vibrer à l'unisson avec Lui, accorder tout notre être sur Sa fréquence jusqu'à ce que nos paroles deviennent l'écho fidèle de Sa Parole.

Ces réalités ne sont pas seulement à contempler, elles sont à vivre. Ce qui vient d'être décrit n'est pas un idéal réservé à quelques âmes d'exception. C'est votre quotidien possible, dès aujourd'hui, si vous choisissez de réaligner votre récepteur intérieur.

Pratique : Réaligner Votre Récepteur

Comprendre la Trinité est une chose ; entrer en résonance avec elle en est une autre. Si vous vous sentez déconnecté, ou si votre vie spirituelle ressemble à un bruit statique, voici trois étapes pratiques pour réaligner votre récepteur intérieur.

1. L'Exercice du Silence : Retrouver la Source

Avant de vouloir entendre, il faut réduire les interférences. Le monde moderne sature nos pensées de fréquences parasites : stress, réseaux sociaux, inquiétudes, sollicitations constantes. **L'action :** prenez cinq minutes chaque matin dans un silence total. Ne demandez rien. Ne réclamez rien. Reconnaissez simplement la présence du Père comme la Source permanente de votre existence. *Pensée clé : je ne suis pas seul, je baigne dans une onde d'amour permanente.*

2. L'Alignement de la Parole : Le Marpé

Comme nous l'avons vu, la guérison vient de l'alignement entre nos pensées et nos paroles, en accord avec Dieu. **L'action :** identifiez une pensée négative que vous répétez souvent, *je n'y arriverai jamais*, *je suis bon à rien, je suis nul* et remplacez-la consciemment par une parole du Fils, le Logos. *« Je puis tout par celui qui me fortifie »* **(Ph 4 :13)**. En prononçant cette parole à haute voix, vous forcez littéralement votre système intérieur à vibrer à la fréquence du Christ. Vos paroles deviennent l'écho de Sa Parole.

3. L'Invocation du Souffle : L'Activation par l'Esprit

L'onde porteuse est déjà là, partout présente, mais elle a besoin d'être activée consciemment dans votre corps et votre âme. **L'action :** dans un moment de fatigue, de doute ou de tentation, visualisez le Saint-Esprit comme cette vapeur invisible mais puissante qui remplit tout l'espace autour de vous. *Prière courte : « Esprit de Dieu, accorde mon esprit à ta fréquence maintenant. »* Respirez profondément. Reconnaissez que chaque inspiration peut être une réception consciente du Souffle divin.

— ✦ —

Conclusion : La reconnexion divine

Nous avons vu comment Dieu communique avec nous à travers l'image invisible de l'onde et du récepteur. Mais Dieu est aussi un Dieu de signes visibles, tangibles, pédagogiques. Avant de nous révéler Sa gloire par Sa Parole seule, Il a ordonné la construction d'un bâtiment, un modèle tridimensionnel en pierre, en bois et en or, pour enseigner la même vérité à quiconque franchissait ses portes.

Entrons maintenant dans le Temple.

Chapitre 3 - L'Architecture de la Gloire

Le Temple comme révélation de la Trinité

Imaginez un architecte qui, au lieu de vous expliquer ses plans sur papier, vous fait visiter le bâtiment lui-même. Chaque couloir, chaque seuil, chaque matériau vous parle. Le chapitre précédent nous a présenté la Trinité à travers des analogies venues de notre quotidien. Celui-ci nous invite à entrer dans le Temple.

Le Temple de Jérusalem n'est pas une simple construction religieuse érigée par la piété humaine. C'est un plan architectural dicté par Dieu lui-même jusqu'au moindre détail. Nous allons traverser ses trois espaces et découvrir, au cœur de ses murs, une vérité que peu ont vue : la théologie de l'os.

La triple manifestation de la lumière : un seul sanctuaire

Le Temple constitue un parcours initiatique où Dieu se révèle progressivement selon trois intensités de lumière. Ce n'est pas une division, mais une gradation : du visible vers l'invisible, de l'accessible vers l'inaccessible, de la grâce vers la majesté.

- Le Parvis : La Lumière Naturelle : Le Fils Incarné

Inondé par la lumière du soleil, le Parvis est l'espace de l'incarnation visible. C'est le lieu de contact entre le ciel et la terre, où l'invisible se rend tangible. Ici se dresse l'autel des holocaustes, où l'Agneau de Dieu est sacrifié. C'est Jésus, le *« Chemin »* **(Jn 14 :6)**, qui rend Dieu accessible à notre humanité. Sans ce Parvis, nul ne peut pénétrer dans les parties intérieures. Sans le Fils, nul ne vient au Père.

- Le Lieu Saint : L'Atmosphère de l'Esprit et la Nuée de Gloire

Franchir le premier voile, c'est pénétrer dans un espace réservé aux prêtres consacrés. Ici règne une obscurité totale ; aucune fenêtre ne laisse entrer la lumière du monde extérieur. Trois objets y résident : la Menorah, dont les sept flammes révèlent ce que les yeux naturels ne peuvent voir ; les Pains de Proposition, symbolisant la provision divine qui nourrit l'âme au-delà du pain terrestre ; et l'Autel de l'Encens, d'où s'élève une fumée perpétuelle d'intercession.

Menorah

Regardez la Menorah de plus près : elle n'est pas assemblée par soudure, elle est forgée d'un seul bloc d'or **(Ex 25 :31)**. Le fût central et ses six branches latérales forment une seule et unique pièce. Sans prétendre épuiser ce symbole riche, on peut y contempler une image de la Trinité : le fût central comme source dont procède toute lumière, les six branches tournées vers l'humanité, le chiffre de l'homme, et les sept flammes comme plénitude de l'Esprit. Couper une branche ne créerait pas deux objets : cela détruirait l'intégrité de l'ensemble. De même, on ne peut *« soustraire »* une Personne divine sans anéantir la nature même de Dieu. Lorsque la lumière de la Menorah rencontre la fumée de l'encens, elles créent une nuée de gloire. Elle ne se contente pas d'éclairer : elle révèle. C'est la manifestation du Saint-Esprit, la *« Vérité »* qui nous conduit dans toute la vérité.

- Le Lieu Très Saint : La Lumière Surnaturelle, Le Père

Ce lieu n'était pas ouvert à tous. Sous l'Ancienne Alliance, une seule personne avait le droit d'y pénétrer : le Grand Prêtre. Et encore, une seule fois par an, le jour du Grand Pardon, le Yom Kippour. Il entrait non sans crainte, chargé du sang d'un animal sacrifié, portant sur ses épaules le poids de tout un peuple. Si le sang n'était pas pur, si le rite n'était pas accompli selon la prescription exacte, il mourait dans la présence. Une corde était attachée à sa cheville selon certaines traditions juives : elle servait à retirer son corps si Dieu le jugeait indigne d'entrer.

C'est ici, dans ce silence redoutable, que se trouve la source de la « Vie », celle qui n'a ni commencement ni fin. Sans le Lieu Très

Saint, les deux premiers espaces perdent leur raison d'être. Supprimer la destination, c'est rendre le chemin absurde.

Mais voici la révélation qui change tout : au moment où Jésus rendit l'âme sur la croix, « *le voile du temple se déchira en deux, depuis le haut jusqu'en bas* » **(Mt 27 :51).** Ce que le Grand Prêtre ne pouvait approcher qu'une fois par an, au prix du sang d'un animal, vous pouvez désormais y entrer librement, à toute heure, au nom de Jésus. La corde n'est plus nécessaire. Le voile n'existe plus. Le Père vous attend.

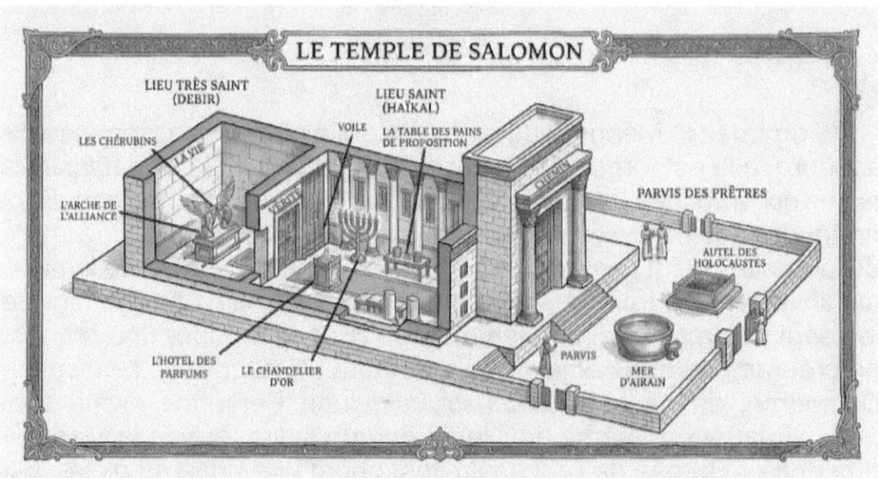

Le Temple de Salomon - Symbole du temple intérieur que le Saint-Esprit habite

Synthèse du Sanctuaire

Nous observons donc une progression parfaite au sein même du Temple : le Chemin, la Vérité et la Vie. Trois espaces distincts, trois intensités de lumière, et pourtant un seul et unique Tabernacle. C'est l'invitation faite à chaque être humain : quitter la lumière crue du monde pour entrer, pas à pas, dans l'intimité radieuse du Créateur.

Mais le Temple n'a pas encore révélé tous ses secrets. Il n'était pas seulement un lieu. C'était une pédagogie divine. Dieu n'a jamais eu l'intention d'habiter des pierres éternellement.

Car Dieu n'a pas seulement dessiné un sanctuaire de pierre. Il a tracé l'image visible d'une réalité invisible : l'homme lui-même. Le Parvis, le Lieu Saint et le Lieu Très Saint : c'est votre propre architecture. Il y a ce que vous manifestez au-dehors, ce que vous vivez en dedans, et ce sanctuaire secret, au plus profond de votre être, où Dieu a toujours voulu siéger.

Pourtant, ce Temple a connu une tragédie. Quand Adam pécha, son esprit ne cessa pas d'exister, le bâtiment resta debout. Ce qui s'évapora, c'est la Présence. Telle la Shekhinah abandonnant jadis le sanctuaire, la Gloire s'en fut. Imaginez un palais royal dont le souverain s'exile soudainement : les murs tiennent bon, les galeries demeurent, mais l'âme de la demeure s'est éteinte.

Vous l'avez peut-être déjà ressenti... Entrer dans la maison d'un proche qui vient de mourir. Les meubles sont là, les photos sur les murs, le manteau encore accroché près de la porte. Rien n'a bougé. Et pourtant quelque chose d'irréductible a disparu, cette qualité de présence qui faisait que ce lieu était vivant, qui faisait que c'était chez lui. Ce n'est plus une demeure. C'est un décor.

C'est exactement ce qui arriva à l'esprit de l'homme : il ne disparut pas, il se vida. La Présence est partie. La salle du trône est désormais déserte. C'est pourquoi la Bible déclare qu'Adam « mourut » ce jour-là. Son cœur continuait de battre, certes, mais il s'éteignit spirituellement. Cette pièce intérieure, conçue pour être la résidence du Gouverneur céleste, n'était plus qu'une salle de réception sans invité. Présente, mais silencieuse. Dressée, mais plongée dans le noir.

Cela explique pourquoi Jésus ne parle pas d'une simple amélioration de notre caractère, mais d'une « Nouvelle Naissance ». On ne restaure pas un palais en ruine en se contentant de repeindre la façade ; il faut que le Roi revienne. Si l'Esprit de Dieu avait fait partie de notre nature biologique, comme nos yeux ou notre cœur, la chute ne l'aurait pas chassé. Mais parce que Sa présence était un don, une habitation choisie par amour et par grâce, il faut qu'Il soit à nouveau invité à y demeurer. C'est là tout l'enjeu de la Rédemption : rouvrir les portes du sanctuaire intérieur et laisser le Gouverneur rentrer chez Lui. Mais si l'homme est un temple, alors une question se pose : Qu'est-ce qui constitue son fondement le plus profond ?

Dans un bâtiment, ce ne sont pas les murs visibles qui comptent le plus, mais la structure qui les soutient. Dans l'être humain, cette structure porte un nom biblique : l'Etzem, l'os.

Le Secret de l'Os : La Théologie de l'Etzem

En hébreu, le mot *« os »* se dit Etzem. Ce même terme signifie aussi *« essence »*, *« soi-même »* ou *« identité profonde »*. Ce n'est pas un hasard de langue : c'est une invitation à réfléchir. Dans la pensée biblique, les os représentent ce qui demeure, ce qui survit et ce qui témoigne encore quand tout le reste a disparu. La chair, Basar, incarne ce qui est fragile et périssable. Elle s'en va.

L'os, lui, est le vestige indestructible. À l'image des grands édifices de pierre qui restent les seuls témoins des civilisations disparues, l'os est ce monument intérieur qui crie la vie d'un être, bien après que le souffle s'est tu. L'os est à l'homme ce que la pierre est au Temple : le fondement de son identité. Laissez cette idée vous habiter un moment avant de continuer.

Et ce n'est pas seulement une image poétique. Aujourd'hui, la science le confirme : l'os garde notre histoire. Notre alimentation, nos maladies, nos voyages, notre force physique, tout s'y inscrit. On peut extraire de l'ADN d'un os vieux de plusieurs millénaires et reconnaître qui était cet être humain. L'os est la boîte noire de l'existence. Si le corps est un livre, l'os en est la reliure, celle qui traverse les siècles.

➢ Deux Ossatures, Deux Destins

La Bible nous offre deux portraits saisissants : deux vies dont les os racontent des histoires radicalement opposées.

Commençons par Jézabel. Cette reine a consacré sa vie à l'idolâtrie, à la manipulation et au meurtre. Après son jugement, les chiens la dévorent. Il ne resta d'elle que le crâne, les mains et les pieds les membres qui reflètent les pensées, les actes et les chemins d'une vie entière. Même dans la mort, l'Etzem de Jézabel témoigne d'une essence corrompue, d'une identité bâtie sur le refus de Dieu. Cet esprit traverse les âges, comme l'Apocalypse **(Ap 2 :20)** le rappelle sous le nom de l'esprit de Jézabel.

Tournons-nous maintenant vers Élisée. Ce prophète avait vécu dans une telle intimité avec le Gouverneur que l'onction divine avait, pour ainsi dire, colonisé ses os. L'Écriture rapporte un événement saisissant : longtemps après sa mort, un corps jeté dans son tombeau touche ses ossements et l'homme ressuscite instantanément **(2R 13 :21)**. Ce n'est pas de la magie. C'est la démonstration que la présence de l'Esprit avait littéralement imprégnée l'Etzem d'Élisée.

Il y a même une raison quasi-mathématique à ce miracle posthume. Rappelez-vous la demande d'Élisée à son mentor Élie : *« Qu'il y ait sur moi une double portion de ton esprit ! »* **(2R 2 :9)**. Élie avait accompli une résurrection de son vivant, le fils de la veuve de Sarepta. Élisée également, avec le fils de la Sunamite. Mais pour que la double portion soit pleinement accomplie, il manquait une résurrection au compteur. C'est là que la puissance du Gouverneur défie la tombe : même mort, l'onction dans les os d'Élisée devait achever la mission. Ce miracle posthume n'est pas un accident ; c'est le sceau final sur une promesse divine. Paul le confirme avec une clarté foudroyante : *« Si l'Esprit de celui qui a ressuscité Jésus d'entre les morts habite en vous, celui qui a ressuscité Christ Jésus d'entre les morts rendra aussi la vie à vos corps mortels par son Esprit qui habite en vous. »* **(Rm 8 :11).**

➢ L'Os, Germe de la Résurrection

Voici le paradoxe le plus étonnant : l'os est la partie la plus rigide, la plus silencieuse du corps. Et pourtant, c'est en lui que naît le sang. C'est dans la moelle osseuse, invisible, protégée, enfouie au cœur de ce qui semble inerte que le corps fabrique chaque jour des millions de cellules sanguines.

Or pour la Bible, le sang n'est pas seulement un liquide vital. Il est le siège de la *Néphesh* : l'âme, le souffle de vie.

Ce qui paraît le plus mort est en réalité la source cachée de toute vie. La tradition rabbinique de manière poétique, l'avait pressenti à sa façon. Elle parle d'un os particulier, appelé l'os Luz, situé à la base de la colonne vertébrale, que rien ne pourrait détruire, ni l'eau, ni le feu, ni la décomposition. C'est à partir de cet os que Dieu, selon cette tradition, reconstituera les corps ressuscités au dernier jour. L'os est un germe d'éternité.

Là où la science voit des cellules souches capables de régénérer la vie, la foi voit une étincelle divine capable de restaurer l'âme. Dans les deux cas, l'os est le gardien du futur de l'être humain. Cette intuition trouve son écho le plus puissant dans Ézéchiel 37. Dieu emmène le prophète au milieu d'une vallée couverte d'ossements desséchés, image d'Israël brisé : *« nos os sont desséchés, notre espérance est perdue ».* Dieu souffle sur ces os. Des tendons apparaissent, la chair revient, le Souffle entre en eux : ils se relèvent, armée immense. Mais voici ce que l'on oublie trop souvent : immédiatement après, Dieu prononce ces mots : *« Je mettrai mon sanctuaire au milieu d'eux pour toujours. »* Os ressuscités. Puis Temple. Dans le même souffle prophétique. C'est la révélation d'une loi spirituelle fondamentale : là où l'Esprit restaure l'essence, Il bâtit Sa demeure.

L'Etzem du Christ : Temple, Agneau, Propitiatoire

Cette théologie de l'os éclaire une prescription que l'on pourrait trouver anecdotique : lors de la Pâque, l'agneau ne doit avoir aucun os brisé **(Ex 12 :46)**. Briser les os eût signifié fragmenter l'essence du sacrifice, corrompre son intégrité. L'alliance exige une intégrité totale. Des siècles plus tard, au Golgotha, les soldats brisent les jambes des deux brigands. Ils arrivent à Jésus et s'arrêtent : il est déjà mort. Pas un os brisé. Jean insiste : *« Ces choses arrivèrent afin que l'Écriture fût accomplie : Aucun de ses os ne sera brisé. »* **(Jn 19 :36).**

Pourquoi cette insistance ? Parce que Jésus n'est pas seulement l'Agneau pascal. Il est aussi le Temple. *« Détruisez ce temple, et en trois jours je le relèverai »* **(Jn 2 :19)**. Jean précise : *« Il parlait du temple de son corps. » L'*Etzem du Christ reste intact, l'intégrité structurelle du sanctuaire est préservée. Et c'est sur cette intégrité que repose la résurrection : l'essence ne peut être détruite. On peut déchirer le voile (la chair), mais on ne peut pas fissurer la Pierre d'Angle (l'Etzem). Cela garantit que la structure du "Nouveau Temple" reste prête pour la reconstruction immédiate lors de la Résurrection

Puis le soldat perce le côté de Jésus. *« Aussitôt il sortit du sang et de l'eau. »* **(Jn 19 :34)** Ce geste accomplit la vision d'Ézéchiel : le prophète avait vu des eaux vives jaillir du flanc du Temple à venir **(Éz 47 :1-2)**. L'os non brisé et le flanc ouvert forment une seule et même parole : le Temple est intact dans son essence, et ses eaux de vie coulent désormais vers le monde.

Le tombeau vide... ou l'Arche ouverte ?

Au matin de la résurrection, la preuve ultime est donnée. Jean note avec la précision d'un témoin oculaire : deux anges en blanc, assis là où le corps de Jésus avait été déposé, l'un à la tête, l'autre aux pieds **(Jn 20 :12)**. Pour un lecteur formé aux Écritures, cette scène est immédiatement reconnaissable : dans le Lieu Très Saint, deux chérubins d'or pur se faisaient face de chaque côté du propitiatoire, le lieu où Dieu disait *« je te rencontrerai »* **(Ex 25 :22)**.

Entre eux : la Shekhinah. Dans le tombeau : deux anges. Entre eux : le linceul plié de Jésus. Jean ne décrit pas un tombeau vide. Il décrit une Arche ouverte.

Jésus est le véritable Temple, l'Arche vivante, le propitiatoire incarné. L'absence du corps n'est pas un manque, c'est une présence déplacée, une gloire qui a quitté le sépulcre comme jadis la Shekhinah quittait le sanctuaire, non pour disparaître, mais pour habiter ailleurs, autrement, pour toujours Cela signifie que la Shekhinah n'est plus captive des lieux clos. Par son sacrifice, le Christ brise la frontière entre le sacré et l'humain, permettant le retour définitif du Gouverneur. La Gloire ne cherche plus à habiter un bâtiment construit de main d'homme ; elle vient s'unir à votre propre être pour faire de votre corps son sanctuaire vivant.

FIGURE 1: SCHÉMA DE L'ARCHE DE L'ALLIANCE

FIGURE 2: SCÈNE DU TOMBEAU

Vous êtes le Temple

En 70 après J.-C., les légions de Titus rasent le Temple de Jérusalem. Pour le peuple juif, c'est un séisme : la demeure de Dieu n'est plus que cendres. Pourtant, le projet divin n'a pas péri sous les décombres ; il s'est déplacé. Il a quitté les murs de pierre pour habiter des temples vivants, des cœurs qui battent et qui marchent. *« Ne savez-vous pas que vous êtes le temple de Dieu, et que l'Esprit de Dieu habite en vous ? »* **(1 Co 3 : 16)**.

Posez-vous cette question avec toute sa gravité : l'Esprit qui, des ossements desséchés d'Ézéchiel, a fait surgir une armée vivante ; l'Esprit qui a redonné vie à un mort par le simple contact des os d'Élisée ; l'Esprit qui a gardé intact l'Etzem du Christ et qui a fait jaillir les eaux de vie du flanc du Temple, cet Esprit habite en vous. Pas seulement autour de vous. **En vous**.

Ce n'est pas une promesse réservée à une élite spirituelle. Elle appartient à quiconque accepte Jésus-Christ comme Seigneur et Sauveur, naît de nouveau par la foi, et reçoit le baptême du Saint-Esprit. À ce moment précis, le Gouverneur ne frappe plus à la porte de l'extérieur, Il entre et prend Sa résidence. Le palais vide retrouve son Roi. La salle du trône, silencieuse depuis la chute d'Adam, résonne à nouveau de la Présence. Le Lieu Très Saint de votre être, longtemps plongé dans l'obscurité, est à nouveau illuminé par la Shekhinah. Ce n'est pas une métaphore. C'est votre nouvelle réalité.

Ce n'est pas non plus une image poétique : c'est une réalité architecturale. Votre être tout entier est cet édifice sacré, et il en porte la même structure tripartite :

Le Parvis : C'est votre vie extérieure, l'espace du témoignage où le Fils rayonne à travers vos actes.

Le Lieu Saint : C'est votre intimité, là où le Gouverneur nous permet d'adorer le Père *« en esprit et en vérité »*, guidés par la lumière du Royaume.

Le Lieu Très Saint : C'est le sanctuaire de votre âme, ce point de silence absolu où réside la présence immuable du Père, inaccessible autrefois, désormais ouvert. C'est précisément ce lieu que Jésus avait en vue lorsqu'il invitait ses disciples à entrer dans leur chambre intérieure et à fermer la porte (**Mt 6 :6**). Le mot grec *tameion* désigne la pièce la plus retirée, la plus secrète de la demeure, ce sanctuaire intérieur où le Père attend, invisible au monde mais pleinement présent à celui qui s'y retire.

Le voile du temple s'est déchiré. Nous ne sommes plus contraints de suivre un parcours de rituels extérieurs pour espérer une audience, ni d'approcher le Père avec crainte et tremblement depuis un parvis lointain. Le chemin est devenu une porte ouverte. Vous pouvez entrer.

L'Esprit veille sur votre Etzem, cette essence que Dieu façonne patiemment pour l'éternité. Chaque acte posé dans la lumière, chaque prière murmurée en silence, chaque moment passé devant le Père : tout cela construit, pierre après pierre, le temple vivant que vous êtes appelés à devenir. Non pas un bâtiment de main d'homme, promis à la ruine et aux légions de ce monde mais une demeure éternelle, bâtie sur la Pierre d'Angle que rien ne peut fissurer.

Le Temple de pierre est tombé. Le Temple vivant, lui, se lève.

— ✦ —

Conclusion : Un Seul Architecte

Des ossements d'Ézéchiel à la Menorah de Moïse, du sacrifice de l'agneau à la résurrection de Jésus, tout raconte la même histoire. Ce n'est pas une coïncidence, c'est la signature d'un seul Architecte, constante de la Genèse au Golgotha. La Trinité n'est pas un casse-tête intellectuel ; elle est le cadre indispensable pour que l'Amour soit à la fois une Source, un Chemin et un Souffle. Désormais, le Temple n'est plus un bâtiment de pierre. Il est un corps de chair. Le vôtre. Mais un temple n'est rien sans la Présence qui l'habite et cette Présence a une histoire, plus ancienne que vous ne l'imaginez.

Avant d'explorer ce que fait le Saint-Esprit, il fallait comprendre qui Il est. Non pas une force vague ou un souffle anonyme, mais la troisième Personne d'un Dieu qui, de toute éternité, existe en relation, Père, Fils et Esprit, distincts et pourtant inséparables, comme une symphonie dont chaque voix est irremplaçable. C'est ce Dieu-là, Un et Trine, qui a décidé d'entrer dans notre histoire. Et c'est cette histoire que la Partie II va maintenant raconter.

PARTIE II : L'ESPRIT DANS L'HISTOIRE DU SALUT

De la création à la Pentecôte : le parcours du Gouverneur

Chapitre 4 - De la Visite à la Résidence : Quand le Souffle planait sur les eaux

L'Esprit Saint demeure pour beaucoup un mystère insaisissable. Lorsque l'apôtre Paul rencontra des disciples à Éphèse, ceux-ci confessèrent avec candeur : *« Nous n'avons même pas entendu dire qu'il y ait un Saint-Esprit »* **(Ac 19 :2)**. Cette ignorance n'est pas nouvelle : nombreux sont ceux qui, aujourd'hui encore, connaissent le Père et honorent le Fils, mais ne savent que faire de l'Esprit. Il reste ce membre flou de la Trinité, une influence mystique que l'on invoque sans vraiment la comprendre.

Pourtant, le Saint-Esprit habite chaque page de l'Écriture. Pour saisir qui Il est pour nous aujourd'hui, il faut comprendre qui Il était hier pour eux. Dans ce chapitre, nous explorons la Ruach (le Souffle) de Dieu dans l'Ancien Testament. Nous découvrirons comment Il créait et habilitait, mais aussi pourquoi, avant la Croix, cette présence divine restait précaire.

L'Esprit Créateur : aux origines de toute vie

Dès l'ouverture de la Genèse, nous voyons la Ruach en action : *« Au commencement, Dieu créa les cieux et la terre. La terre était informe et vide ; il y avait des ténèbres à la surface de l'abîme, et l'Esprit de Dieu se mouvait au-dessus des eaux. »* **(Gn 1 :1-2)** L'Esprit est l'énergie active de la Trinité, travaillant à instaurer l'ordre à partir du chaos. Le verbe hébreu *merakhefet* évoque une image d'une tendresse infinie : il signifie *« se mouvoir »*, *« planer »* ou *« couver »*, à l'image d'un oiseau protégeant ses œufs pour en faire éclore la vie. L'Esprit n'observe pas passivement le chaos, Il le travaille activement, préparant l'émergence de la vie.

Cette activité créatrice ne s'arrête pas au sixième jour. Le Psaume **(104 :30)** nous révèle : *« Tu envoies ton Esprit : ils sont créés, et tu renouvelles la face de la terre. »* Chaque printemps, chaque naissance, chaque battement de cœur est une continuation de ce premier souffle.

Le Souffle de vie insufflé à l'Homme

Le point culminant de cette œuvre est la création de l'homme. Genèse nous livre le secret de notre identité profonde : *« L'Éternel Dieu forma l'homme de la poussière de la terre, il souffla dans ses narines un souffle de vie et l'homme devint un être vivant. »* (**2 :7**). Ce souffle est la première visite intime de l'Esprit dans l'humanité. Contrairement au reste de la création, née d'une simple parole, l'homme reçoit une part de l'intimité divine. C'est une insufflation *« bouche-à-bouche »*, un geste de réanimation cosmique qui nous rend capables de contenir la vie de Dieu. Nous avons été conçus comme des réceptacles, des vases façonnés pour être habités.

Job l'avait compris : *« L'Esprit de Dieu m'a créé, et le souffle du Tout-Puissant me donne la vie »* **(Jb 33 :4)**. Pour lui, ce n'est pas un événement passé, mais une présence au présent continu. Sans ce soutien constant, toute créature retournerait au néant **(Ps 104 :29)**. Chaque inspiration est un témoignage de Sa fidélité, justifiant l'appel du psalmiste : *« Que tout ce qui respire loue l'Éternel ! »* **(Ps 150 :6)**.

Ce premier souffle révèle une vocation inscrite dans notre nature même : l'homme est un réceptacle conçu pour contenir la présence divine. Mais sous l'Ancienne Alliance, cette proximité restait voilée, puissante, réelle, et pourtant encore précaire.

L'Esprit Visiteur : une présence puissante mais précaire

Sous l'Ancienne Alliance, le Saint-Esprit ne *« demeurait »* pas encore ; Il *« visitait »*. C'était une onction de capacité, spectaculaire et souveraine, mais structurellement temporaire. L'Esprit reposait sur l'individu sans l'habiter de manière permanente.

À cette époque, Son rôle n'était pas prioritairement la sanctification universelle, mais l'équipement surnaturel pour servir le plan divin. L'Esprit ne se cantonnait pas à la sphère religieuse ; Il s'intéressait à la créativité, à la technique et à la gestion. Il remplissait des artisans comme Betsaleel, lui donnant la sagesse et l'intelligence nécessaires pour travailler l'or, le bois et les pierres précieuses **(Ex 31 :3-5).** Il est la source de l'excellence. On retrouve cette marque chez Joseph en Égypte, dont la sagesse politique impressionna Pharaon : « *Trouverions-nous un homme tel que celui-ci, ayant en lui l'Esprit de Dieu* ? » **(Gn 41 :38).** Qu'il s'agisse de Josué pour la conquête ou des soixante-dix anciens pour le gouvernement **(Nb 11 :16-17),** l'Esprit déposait Sa signature tangible sur ceux qu'Il choisissait.

La Nuée de Gloire : le vêtement de la présence

Le mot hébreu *Shekhinah* n'apparaît pas littéralement dans le texte biblique, c'est un terme rabbinique issu de la racine *shakan*, *« résider »*, *« habiter »*. Mais la réalité qu'il désigne traverse toute l'Écriture comme un fil d'or : la présence tangible, visible, de Dieu au milieu de son peuple. Dans la pensée biblique, la Nuée n'est pas une simple vapeur d'eau, c'est le *« vêtement »* que Dieu revêt pour s'approcher de l'homme sans que sa sainteté absolue ne le consume.

Sa première grande apparition historique, c'est l'Exode. L'Éternel lui-même guide Israël : *« le jour dans une colonne de nuée pour les guider, et la nuit dans une colonne de feu pour les éclairer »* **(Ex 13 :21)**. Ce n'était pas un signal de balisage : c'était Dieu lui-même en marche. Lorsque l'armée de Pharaon les resserre, la Nuée se déplace et vient se poster entre les deux camps, ténèbres pour les Égyptiens, lumière pour Israël **(Ex 14 :20)**. La même présence protège et aveugle selon qu'on est du côté de Dieu ou qu'on lui fait la guerre.

Au Sinaï, la Nuée enveloppe la montagne pendant six jours et la gloire de l'Éternel y repose **(Ex 24 :15-17)**. Puis vient le moment où Dieu *« emménage »* officiellement au milieu de son peuple : l'inauguration du Tabernacle. *« La nuée couvrit la tente d'assignation, et la gloire de l'Éternel remplit le tabernacle. Moïse ne pouvait pas y entrer, car la nuée reposait dessus. »* **(Ex 40 :34-35)** Même chose lors de la dédicace du Temple de Salomon : les sacrificateurs durent interrompre leur service, incapables de rester debout dans la maison que la gloire remplissait **(1R 8 :10-11)**. La Nuée est le signe que Dieu a pris possession des lieux.

Ézéchiel recevra la vision la plus déchirante de tout l'Ancien Testament : la gloire se lève du seuil du Temple et part **(Éz 10 :18-19)**. La Shekhinah quitte la maison que l'idolâtrie a souillée. Mais le même prophète voit son retour : *« La gloire du Dieu d'Israël s'avançait de l'orient [...] et la gloire de l'Éternel entra dans la maison. »* **(Éz 43 :2-5)** Ce retour promis, le Nouveau Testament va nous révéler où il s'accomplit : non plus dans un bâtiment de pierre, mais dans un corps humain. À la Transfiguration, une nuée lumineuse enveloppe Jésus et les disciples **(Mt 17:5)** ; à l'Ascension, une nuée le dérobe à leurs yeux **(Ac 1 :9)**. La Shekhinah ne s'est pas évaporée : elle a trouvé une demeure définitive.

L'Onction d'Huile : le signe de l'élection

Si la Nuée est la présence collective de Dieu sur son peuple, l'huile en est la touche personnelle et individuelle. En hébreu, le mot pour *« oint »* est *Machiakh* (Messie) et en grec *Christos*. Chaque fois qu'une fiole d'huile se brise sur une tête, c'est toute la théologie du Christ qui se condense en un seul geste. Dieu en personne désigne, sépare, équipe.

Dieu lui-même prescrit une formule spécifique, myrrhe, cinnamome, roseau aromatique, casse, huile d'olive avec une clause d'exclusivité absolue : cette huile ne doit servir qu'à Lui **(Ex 30 :22-33)**. Tout ce qu'elle touche devient *« très saint »*. C'est Aaron, puis ses fils, que Moïse oignit en premier pour consacrer le sacerdoce **(Lv 8 :12)**. Puis les rois : Samuel sur Saül, puis sur David et c'est après cette onction que *« l'Esprit de l'Éternel saisit David, à partir de ce jour et dans la suite »* **(1S 16 :13)**. L'huile n'est pas un symbole creux : elle déclenche réellement quelque chose. Elle est la porte par laquelle l'Esprit entre en fonction.

Ce qui frappe dans ces scènes, c'est la démesure du geste. L'onction sur Aaron était si abondante qu'elle descendait *« sur le bord de ses vêtements »* **(Ps 133 :2)**. Ce n'est pas le compte-gouttes d'un Dieu pingre : c'est le débordement d'un Roi qui ne fait pas les choses à moitié. L'onction s'étend même aux prophètes : Dieu ordonne à Élie d'oindre Élisée pour qu'il soit prophète à sa place **(1R 19 :16)**. Chaque fiole brisée est une flèche pointant vers Celui dont le nom même signifie l'Oint : le Christ.

Le Vent : l'invisible qui prouve le réel

Nous avons déjà rencontré la *Ruach* : ce mot hébreu unique qui dit à la fois souffle, vent et esprit. Ce n'est pas une hésitation de traducteur, c'est une révélation. Dieu choisit expressément le langage du vent pour se décrire lui-même. Et on ne peut pas *« voir »* le vent : on n'en perçoit que les effets. Les feuilles qui frissonnent.

La mer qui s'ouvre. C'est la plus belle métaphore de l'Écriture pour un Dieu invisible mais totalement réel par son action. *Le vent souffle où il veut, et tu en entends le bruit ; mais tu ne sais d'où il vient, ni où il va.* **(Jn 3 :8)**

Ce vent agit sur toute l'histoire. Après le déluge, Dieu *« fit passer un vent sur la terre, et les eaux s'apaisèrent »* **(Gn 8 :1)**. À la Mer Rouge, *« l'Éternel refoula la mer par un vent d'orient qui souffla avec impétuosité toute la nuit »* **(Ex 14 :21)**. Le vent est l'instrument de la souveraineté : il juge, il délivre, il rétablit. Mais il sait aussi devenir autre chose. Élie, épuisé et au bout du rouleau, rencontre Dieu sur le mont Horeb : il y a le vent violent, le tremblement de terre, le feu et après tout cela, *« un murmure doux et léger »* **(1R 19 :12)**. Dieu n'est pas toujours dans le spectaculaire. Il est aussi dans la brise qui s'insinue dans le silence d'un homme brisé.

Ézéchiel reçoit une vision qui concentre tout cela : une vallée couverte d'ossements secs. *« Prophétise à l'esprit… Esprit, viens des quatre vents, souffle sur ces morts, et qu'ils revivent ! »* **(Éz 37 :9)** La Ruach qui planait sur les eaux du chaos est la même Ruach qui ressuscite ce qui était mort. Elle crée, elle restaure, elle délivre et elle le fait toujours en soufflant là où rien d'humain ne peut plus rien. Ce n'est pas un hasard si le premier geste de Jésus ressuscité envers ses disciples fut de souffler sur eux en disant : *« Recevez le Saint-Esprit »* **(Jn 20 :22)**. C'est le geste de Genèse 2 qui se rejoue, la même insufflation, le même souffle de vie, mais cette fois dans un sanctuaire enfin purifié par le sang de la Croix.

Le drame du manteau révocable

Mais cette magnificence cachait une fragilité mortelle. L'onction était un prêt fonctionnel, directement lié à l'obéissance. Elle pouvait être retirée.

L'Esprit saisit Samson pour des exploits surhumains, puis le quitta lorsque l'alliance fut rompue. L'Esprit se retira de Saül après sa désobéissance, le laissant roi de nom mais vide de substance.

David, l'homme selon le cœur de Dieu, connaissait cette terreur. Après sa chute avec Bath-Schéba, il supplia dans l'angoisse : *« Ne me retire pas ton Esprit Saint ! »* **(Ps 51 :13)**. Cette prière révèle toute la mentalité de cette époque : celle du serviteur qui vit dans l'anxiété de la performance, sachant que la présence divine peut s'évaporer au moindre faux pas. La relation était fonctionnelle (Maître à serviteur), non encore filiale (Père à fils).

Pourquoi cette précarité ?

Pour mesurer l'étendue de cette précarité spirituelle, il faut comprendre à quel point la communication avec Dieu était alors contrainte. Entendre Sa voix n'était pas une expérience intérieure accessible à tous : c'était un privilège réservé aux plus hautes instances.

Dans l'Ancien Testament, le Seigneur introduit la figure du prophète (***nabhi*** en hébreu, prophètes en grec). Il est le porte-parole direct, celui qui s'exprime au nom de Dieu. Le prophète ne parle jamais de son propre chef ; il agit comme un ambassadeur divin, chargé de délivrer un message spécifique au peuple du Seigneur mais un ambassadeur dont le mandat reste révocable, lié à la saison et à la fidélité. Ce que l'Ancienne Alliance n'a jamais pu offrir, c'est l'ambassadeur permanent. Cela viendra, mais pas encore.

Parallèlement à cette parole prophétique, pour les décisions d'importance nationale, le grand prêtre devait consulter les **Ourim et Toumim** (*« lumières et perfections »*), deux pierres précieuses enchâssées dans le pectoral sacré. Le livre de l'Exode **(28 :30)** les présente comme le moyen par lequel Aaron portait *« sur son cœur »* le discernement de la volonté divine pour le peuple. Le terme hébreu employé, **mishpat,** ne désigne pas ici un simple verdict judiciaire, mais l'exercice même du discernement : évaluer ce qui est juste, diagnostiquer un problème et prescrire la direction à suivre.

La procédure de consultation impliquait deux hommes : celui qui portait le discernement, le Grand Prêtre, et celui qui venait le solliciter, le demandeur. La solennité de cet acte était absolue, soulignant la rareté d'une parole divine qui ne se manifestait que dans des conditions exceptionnelles.

Le demandeur se tenait en retrait, placé juste derrière le Grand Prêtre, tandis que ce dernier se positionnait dans le lieu Saint, devant le voile et face à l'Arche de l'Alliance. C'était là même où Moïse entendait la Voix de Dieu lui parler depuis le dessus du propitiatoire, entre les deux chérubins, selon Nombres 7**(89).** Cette présence était invisible mais audible depuis l'autre côté du voile. C'est depuis ce cadre sacré que le demandeur posait sa question, simple et vitale : « *Devons-nous partir en guerre ?* ». Les pierres s'illuminaient alors pour composer la réponse divine. Ce recours, aussi rare que précieux, était strictement limité au roi, au grand tribunal ou à un général responsable du destin de la nation.

Après la destruction du Premier Temple, même ce dispositif disparut. Les Ourim et Toumim furent perdus et avec eux, la dernière voie institutionnelle pour interroger Dieu. Le silence s'installa. Voilà l'abîme qui séparait le croyant de l'Ancienne Alliance de ce que Jésus allait inaugurer : sous l'Ancienne, le discernement de Dieu était porté sur le cœur d'un seul homme, pour tout un peuple ; sous la Nouvelle, il serait versé dans le cœur de chaque croyant. Le pectoral sur la poitrine d'Aaron était la figure prophétique de l'Esprit intérieur : ce que la pierre illuminée portait du dehors, le Gouverneur l'accomplirait du dedans. Plus de médiation ; plus de distance ; plus de silence.

Représentation de l'Ourim et Toumim sur le pectoral du grand prêtre

Ce régime de transition était nécessaire parce que le temple humain était encore souillé par le péché : un Dieu saint ne peut s'installer durablement dans un sanctuaire non purifié. Il a fallu que le Roi vienne en personne purifier le sanctuaire par Son sacrifice. Comme Jésus l'expliqua, Son départ physique était « avantageux » : il permettait de transformer une présence locale et extérieure en une présence universelle et intérieure, non plus une lumière sur un pectoral, mais une flamme au cœur de chacun.

La Promesse d'un nouveau Régime

Les prophètes avaient entrevu la fin de cette ère de précarité. Ézéchiel prophétisa : *« Je vous donnerai un cœur nouveau, et je mettrai en vous un esprit nouveau ; j'ôterai de votre corps le cœur de pierre, et je vous donnerai un cœur de chair. Je mettrai mon Esprit en vous. »* **(Éz 36 :26-27)**

Ce passage annonce le tournant majeur que nous explorerons dans les chapitres à venir : la Loi gravée dans le cœur, et l'Esprit venant transformer notre nature de l'intérieur.

Joël annonça l'effusion universelle : *« Je répandrai mon Esprit sur toute chair ; vos fils et vos filles prophétiseront… Même sur les serviteurs et sur les servantes, dans ces jours-là, je répandrai mon Esprit. »* **(Jl 2 :28-29)**

Fin de l'élitisme spirituel. Le Gouverneur ne visiterait plus seulement les rois ou prophètes, mais se répandrait sur *« toute chair »*.

Ce *merakhefet* qui planait sur les eaux au commencement n'a pas disparu après la Chute mais Il attendait. Il attendait l'heure où Il pourrait planer de nouveau, non plus sur le chaos des eaux primordiales, mais sur un homme. C'est précisément ce qui se passe au Jourdain : le même Esprit descend sur Jésus et demeure sur Lui **(Jn 1 :32).** Jésus est ce "Dernier Adam" dont parle Paul **(1 Co 15 :45)** : venu reprendre les clés de la gestion terrestre que le premier Adam avait abandonnées. Quand l'Esprit se pose sur Lui au Jourdain, ce n'est pas simplement un signe d'investiture messianique, c'est le Gouverneur céleste qui réintègre Son poste de commandement sur la terre, prêt à restaurer la fonction royale de l'homme.

— ✦ —

Conclusion : Le Poids insupportable de la Gloire

Nous avons découvert l'Esprit Créateur dans toute sa majesté :

- Il planait sur les eaux du chaos originel ;
- Il a insufflé la vie en Adam ;
- Il soutient chaque instant de notre existence ;
- Il équipait les artisans, les sages et les dirigeants.

L'Esprit était présent, actif, puissant. Pourtant, au cœur de cette puissance, une absence se faisait sentir. Il créait, mais ne demeurait pas. Il visitait, mais ne résidait pas. Il équipait pour des missions, mais ne transformait pas la nature humaine.

L'Ancien Testament a prouvé une vérité déchirante : l'humanité ne pouvait pas porter le poids de la gloire par ses propres efforts. L'onction donnait la force de vaincre des lions, mais pas toujours celle de vaincre ses propres penchants.

Cette insuffisance pointait vers une nécessité absolue : il ne suffisait pas que l'Esprit soit avec nous pour nous aider ; il fallait qu'Il soit en nous pour nous transformer. Mais avant que cette promesse ne se réalise, il nous faut traverser le champ de bataille de l'histoire sainte et contempler le spectacle déchirant de héros qui sont tombés.

Chapitre 5 - Comment nos héros sont-ils tombés ?

Le prix de la précarité

Nous venons de voir comment, sous l'Ancienne Alliance, l'Esprit visitait sans demeurer. L'onction était puissante, mais révocable. Cette précarité n'était pas théorique, elle était tragiquement réelle.

David lui-même, l'homme selon le cœur de Dieu, supplia dans les larmes : *« Ne me rejette pas loin de ta face, ne me retire pas ton Esprit Saint ! »* **(Ps 51 :13)**. Plus tard, devant les corps de Saül et Jonathan étendus sur les hauteurs de Guilboa, il posera une question déchirante : *« Comment des héros sont-ils tombés au milieu du combat ? »* **(2S 1 :25)** Si nous faisons une rétrospective du chemin de la foi, nous découvrons un nombre considérable de ces *« héros tombés »* qui jonchent l'histoire sacrée. L'apôtre Paul nous avertit solennellement : *« Tous ces événements leur sont arrivés pour nous servir d'exemples. C'est pourquoi, si quelqu'un se croit debout, qu'il prenne garde de ne pas tomber. »* **(1Co 10 :11-12)**.

En examinant attentivement les Écritures, nous découvrons que l'adversaire utilise invariablement les mêmes armes millénaires : la popularité, l'impudicité, et l'amour de l'argent. Ces trois tentations correspondent exactement à ce que l'apôtre Jean identifie : *« Car tout ce qui est dans le monde, la convoitise de la chair, la convoitise des yeux, et l'orgueil de la vie ne vient point du Père, mais vient du monde. »* **(1Jn 2 :16)**.

Examinons comment ces armes ont abattu même les plus grands.

Le Piège de la popularité : Le Roi Saül

Nous aspirons tous à être acceptés et reconnus. Ce désir n'est pas mauvais en soi, mais lorsqu'il devient excessif, lorsque notre estime dépend principalement de l'opinion des autres plutôt que de l'approbation divine, nous glissons sur un terrain dangereux. L'Écriture nous met en garde : *« La crainte des hommes tend un piège, mais celui qui se confie en l'Éternel est protégé. »* **(Pr 29 :25)**

Saül fut choisi par Dieu, un homme de belle apparence, oint par Samuel, saisi par l'Esprit. Puis vint le test. Dieu lui donna des instructions précises concernant les Amalécites : détruire totalement cette nation corrompue. L'ordre était sans ambiguïté. Saül remporta une victoire éclatante. Mais au moment d'obéir complètement, il hésita. Il regarda autour de lui, écouta les murmures de ses soldats, calcula les conséquences politiques. Il épargna Agag, le roi ennemi, comme trophée. Il permit au peuple de garder le meilleur bétail sous prétexte de l'offrir en sacrifice.

La logique semblait raisonnable. La désobéissance était subtile. Mais Dieu ne juge pas selon les pourcentages humains. L'obéissance partielle est une désobéissance totale. Samuel le confronta : *« L'Éternel trouve-t-il du plaisir dans les holocaustes et les sacrifices, comme dans l'obéissance à sa voix ? Voici, l'obéissance vaut mieux que les sacrifices... Puisque tu as rejeté la parole de l'Éternel, il te rejette aussi comme roi. »* **(1S 15 :22-23)**

Saül admit sa faute, identifiant même la cause : la crainte du peuple. Mais la suite révéla la superficialité tragique de cette confession : *« J'ai péché ! Maintenant, honore-moi donc en présence des anciens de mon peuple. »* **(1S 15 :30)**

Voilà le cœur révélé. Saül ne pleurait pas d'avoir offensé Dieu. Il craignait de perdre la face devant son peuple. Même dans sa *« repentance »*, c'était encore l'opinion humaine qui dominait.

Le verdict était irrévocable : *« L'Esprit de l'Éternel se retira de Saül. »* **(1S 16 :14)** Le retrait de l'Esprit créa un vide que les ténèbres s'empressèrent de remplir. Saül devint jaloux, paranoïaque, violent. Dans l'incapacité de consulter Dieu qui ne lui répondait plus, il viola ses propres lois en consultant une sorcière. Le lendemain, sur le mont Guilboa, voyant ses fils tomber, il se jeta sur sa propre épée. Les Philistins trouvèrent son corps, lui tranchèrent la tête, suspendirent son cadavre aux remparts comme trophée. Jonathan, son fils juste et fidèle, mourut à ses côtés. Connecté au mauvais arbre, il partagea le destin tragique de son père.

Le problème de Saül résidait dans ce qu'il écoutait. Il se jugeait constamment par rapport aux opinions humaines plutôt qu'à la voix de Dieu. Il finit par se suicider, décapité, exposé comme un criminel. Il n'a jamais été restauré.

Le Piège de l'Impudicité : Samson et David

L'impudicité désigne tout plaisir sexuel recherché en dehors du cadre établi par Dieu. Paul nous donne la raison de sa gravité : *« Fuyez l'impudicité. Tous les autres péchés n'impliquent pas le corps, mais celui qui se livre à l'impudicité pèche contre son propre corps. Ne savez-vous pas que votre corps est le temple du Saint-Esprit ? »* **(1Co 6 :18-19)**.

Samson fut consacré à Dieu dès le ventre de sa mère comme naziréen à vie. En échange, Dieu lui accorda une force surhumaine. L'Esprit *« le saisissait »*, lui permettant d'accomplir des exploits stupéfiants : déchirer un lion à mains nues, tuer mille Philistins avec une mâchoire d'âne, arracher les portes de Gaza.

Mais derrière cette puissance se cachait une faille fatale : une attirance compulsive pour les femmes étrangères. Sa première femme philistine le trahit. Il fréquenta une prostituée à Gaza. Puis vint Dalila. Les Philistins offrirent à Dalila une fortune pour découvrir le secret de sa puissance. Par trois fois, elle tenta de le livrer. Par trois fois, il se dégagea. N'importe quel homme sensé aurait fui. Mais Samson, intoxiqué par le désir, resta.

Finalement, harcelé, émotionnellement épuisé, il révéla tout. Pendant qu'il dormait sur ses genoux, elle fit raser ses cheveux. *« Il se réveilla et dit : Je m'en tirerai comme les autres fois. Il ne savait pas que l'Éternel s'était retiré de lui. »* **(Jg 16 :20)**. Les Philistins s'emparèrent de lui et lui crevèrent les yeux. Enchaîné, il fut condamné à moudre le grain à la manière d'une bête de somme. Celui qui avait trop vu fut aveuglé, privé à jamais de la lumière ; celui qui était libre fut asservi. Pourtant, dans un ultime élan de foi, Dieu lui accorda la force nécessaire pour accomplir sa dernière mission. Au prix d'un sacrifice total, il ébranla les colonnes du temple de Dagon, provoquant l'effondrement de l'édifice. Il périt alors parmi la multitude de ses ennemis et, dans cet instant fatal, il tua plus de Philistins en mourant qu'il n'en avait occis durant toute sa vie.

David, l'homme selon le cœur de Dieu, tomba également dans ce piège. Un jour où il aurait dû être au combat, ses yeux tombèrent sur Bath-Schéba, la femme d'Urie, l'un de ses fidèles soldats. Il commit l'adultère, puis orchestra le meurtre d'Urie pour couvrir sa faute. Le prophète Nathan le confronta avec une parabole dévastatrice. Mais contrairement à Saül qui s'inquiétait de son image, David se repentit sincèrement, du plus profond de son être. Sa réponse fut immédiate : « *J'ai péché contre l'Éternel !* » **(2S 12 :13)** Son Psaume reste l'une des plus belles expressions de repentance : « *Aie pitié de moi, ô Dieu, selon ta bonté ; selon ta grande miséricorde, efface mes transgressions... Crée en moi un cœur pur, ô Dieu ! Renouvelle en moi un esprit bien disposé. Ne me rejette pas loin de ta face, ne me retire pas ton Esprit Saint.* » **(Ps 51 :1, 10-11)**. Dieu lui pardonna et le restaura. David prit une décision radicale qui devint un rempart pour sa vie : « *Je ne mettrai rien de mauvais devant mes yeux.* » **(Ps 101 :3)**.

- Le Contraste Révélateur

Samson : repentance tardive, conséquences permanentes (cécité physique). David : repentance immédiate, restauration spirituelle complète. Les deux connurent la discipline divine, mais David fut restauré dans sa relation avec Dieu, et l'Esprit ne le quitta jamais. La vraie repentance change tout.

- Diagnostic : Leurs Yeux les ont Perdus

Samson voyait, convoitait, et poursuivait sans retenue. Il perdit ses yeux, les instruments mêmes de sa convoitise. David comprit la leçon et fit alliance avec ses yeux. **(Ps 101 :3)** L'un resta aveugle, l'autre fut restauré.

Le Piège de l'Argent : Guéhazi et Judas

Guéhazi était le serviteur du prophète Élisée, témoin quotidien de miracles extraordinaires. Lorsque Naaman, général syrien lépreux, fut guéri, il voulut récompenser Élisée. Le prophète refusa catégoriquement, la grâce de Dieu ne se monnaie pas. Mais la vue des richesses réveilla une convoitise que Guéhazi avait cachée pendant des années. Il courut secrètement après Naaman et mentit, prétendant qu'Élisée l'avait envoyé demander un talent d'argent et deux vêtements.

Il cacha le butin dans sa maison et se présenta devant Élisée comme si de rien n'était. Élisée, par révélation divine, dévoila sa fourberie : « *Mon esprit n'était-il pas avec toi ? Est-ce le temps de prendre de l'argent et des vêtements ? Puisque tu as fait cela, la lèpre de Naaman s'attachera à toi et à tes descendants pour toujours.* » **(2R 5 :26-27)** Guéhazi sortit couvert de lèpre, blanc comme neige. L'argent qu'il convoitait lui coûta sa santé, son ministère, son avenir, et celui de ses descendants.

Judas Iscariote vécut trois ans dans la proximité merveilleuse du Seigneur. Il fut choisi comme l'un des Douze, confié de la bourse commune. Mais Jean nous révèle la vérité cachée : *« Il était voleur, et comme il avait la bourse, il prenait ce qu'on y mettait. »* **(Jn 12 :6)**

Sa cupidité se révéla publiquement lors du repas à Béthanie. Marie versa un parfum de grande valeur sur les pieds de Jésus. Judas protesta avec indignation sous prétexte de donner aux pauvres. Jésus, connaissant son cœur, le réprimanda publiquement. Cette humiliation fut peut-être le catalyseur final. Peu après, Judas alla trouver les chefs des prêtres : *« Que voulez-vous me donner, et je vous le livrerai ? »* **(Mt 26 :15)** Ils lui comptèrent trente pièces d'argent, le prix légal d'un esclave tué accidentellement. Il guida les gardes au jardin de Gethsémané. Par un baiser, il désigna Jésus. Mais lorsqu'il vit Jésus condamné à mort, la réalité de son acte le frappa avec force. Il rapporta les trente pièces : *« J'ai péché, en livrant le sang innocent. »* **(Mt 27 :4)**.

Mais sa repentance, comme celle de Saül, était superficielle, un remords sans véritable conversion. Il ne chercha pas le pardon de Jésus. À ses yeux, son péché était supérieur à la Grâce de Dieu ; sa culpabilité le rongea au point qu'il se fit son propre juge. Les prêtres le rejetèrent avec mépris. Judas jeta l'argent dans le temple et alla se pendre.

Guéhazi et Judas illustrent la vérité terrible de Paul : *« Ceux qui veulent s'enrichir s'exposent à la tentation et tombent dans le piège de nombreux désirs insensés et pernicieux qui précipitent les hommes dans la ruine. Car l'amour de l'argent est racine de toutes sortes de maux. »* **(1Tm 6 :9-10)**

Et Jésus nous avertit : *« Nul ne peut servir deux maîtres... Vous ne pouvez servir Dieu et Mamon. »* **(Mt 6 :24)**. C'est pourquoi, sitôt après son baptême au Jourdain, l'Esprit le conduisit au désert pour y être tenté. En ce lieu, à la différence d'Adam et Ève dans le jardin et de tous les héros déchus qui les suivirent, Jésus (le second Adam) réussit là où tous avaient échoué. Il vainquit la tentation par la Parole de Dieu et par la puissance du Saint-Esprit, nous laissant ainsi le modèle parfait à imiter.

— ✦ —

Conclusion : La Question qui exige une réponse

Devant ces cadavres spirituels qui jonchent l'histoire sacrée, nous contemplons un champ de bataille désolé. Nous voyons comment les plus grands héros de la foi ont chuté : Saül perdit sa royauté par soif de popularité, et ses oreilles le perdirent ; Samson sacrifia sa force à l'impudicité, et ses yeux furent sa chute. Si David faillit tout perdre par le même vice, la sincérité de sa repentance le sauva. En revanche, Guéhazi vit sa santé ruinée par la cupidité de son cœur, et Judas, par amour de l'argent, y perdit son âme.Le point commun tragique ? Poussées à leur paroxysme, ces trois tentations conduisent souvent au suicide, l'ultime destruction. Saül et Judas se sont tous deux ôté la vie. Ce sont les mêmes armes que Satan a utilisées contre Ève au jardin, contre Jésus au désert, et contre nous aujourd'hui.

Mais une question demeure, lancinante, qui refuse de s'estomper : Pourquoi l'onction était-elle si fragile ? Pourquoi même les géants de la foi tremblaient-ils à l'idée de la perdre ? Qu'est-ce qui maintenait cette précarité spirituelle ?

La réponse se trouve dans un obstacle juridique que même la plus grande sainteté humaine ne pouvait franchir. Entre Dieu et l'homme se dressait une barrière légale qui rendait impossible la résidence permanente de l'Esprit. Cette barrière avait un nom : le péché. Elle exigeait un prix : le sang.

Mais ne soyons pas découragés. Le Seigneur nous avertit pour nous protéger, pas pour nous condamner. Il a prévu une solution que nous explorerons dans les chapitres suivants. Jésus déclare avec tendresse : *« Je vous ai dit cela pour que vous trouviez la paix en moi. Dans le monde, vous aurez à souffrir bien des afflictions. Mais courage ! Moi, j'ai vaincu le monde. »* **(Jn 16 :33)**.

Chapitre 6 - Pourquoi le Sang était la Condition Sine Qua Non

La purification du temple

Dans l'histoire de l'humanité, il n'existe aucun sujet aussi mystérieux, et parfois aussi mal compris, que la place centrale du sang dans la réconciliation entre Dieu et l'homme. Pourquoi un Dieu d'amour exigerait-il un sacrifice ? Pourquoi le sang est-il présenté, de la Genèse à l'Apocalypse, comme l'unique monnaie capable d'ouvrir les portes du ciel ? La réponse ne se trouve pas dans une forme de cruauté divine, mais dans une nécessité juridique absolue. Le péché n'a pas seulement brisé une relation ; il a transféré un titre de propriété et créé une dette qu'aucune bonne œuvre ne pouvait éponger. Dans ce chapitre, nous allons découvrir comment le Sang de Jésus n'est pas seulement un symbole religieux, mais la clé légale qui a déchiré le voile, racheté notre identité et rendu possible ce que l'Ancienne Alliance ne pouvait qu'effleurer : la transformation du temple humain en une demeure permanente pour l'Esprit de Dieu.

La Rupture : De la Gloire à la déchéance

Comme nous l'avons vu précédemment, le Seigneur avait un plan de sauvetage dès l'origine. Lors du jugement du serpent dans le jardin d'Éden, Il promit que la descendance de la femme lui écraserait la tête, bien que ce dernier doive lui meurtrir le talon. C'est l'annonce prophétique du sacrifice du Sauveur dès les premières pages de la Bible. En désobéissant à Dieu et en écoutant la voix du serpent, le premier couple pécha. L'avertissement divin se réalisa : ils moururent. Ce jour-là, Adam et Ève n'ont pas cessé de respirer, mais ils ont *« changé de fréquence »*. La conscience de Dieu s'est éteinte au profit de la conscience de soi. Revêtus de gloire auparavant, la Shekhinah qui les enveloppait comme un vêtement de lumière se retira. Ils se découvrirent alors nus, exposés et vulnérables. La Ruach (l'Esprit de Vie) s'en étant allée : l'homme bascula de la vie divine à la simple vie biologique.

Afin qu'ils ne demeurent pas éternellement dans leur condition de pécheurs, Dieu les chassa du jardin pour qu'ils ne tendent pas la main vers l'arbre de vie. L'accès fut immédiatement **placé sous la garde de chérubins protecteurs, l'épée flamboyante à la main** ; cela signifiait que le retour à Dieu ne se ferait désormais qu'au travers du sang. Ce n'était pas de la cruauté, mais de la justice pure : le salaire du péché étant la mort, seule une vie donnée peut racheter une vie perdue.

Le Système provisoire : La pédagogie du Sang

Entre cette promesse édénique et son accomplissement, des siècles s'écoulèrent. L'humanité devait comprendre la gravité du péché et l'impossibilité totale de s'en purifier par ses propres forces.

Au Sinaï, Dieu confia la Loi à Moïse, non pour sauver Israël, mais pour lui révéler son besoin désespéré de salut : *« car c'est par la loi que vient la connaissance du péché »* **(Rm 3 : 20)**.

Avec la Loi vint le système sacrificiel : un rituel minutieux et répétitif. Chaque jour, le sang coulait sur l'autel. Chaque année, le Souverain Sacrificateur entrait dans le Lieu Très-Saint. Ce n'était pas une solution permanente, mais une pédagogie divine.

La lettre aux Hébreux (10 :4) est explicite : *« Il est impossible que le sang des taureaux et des boucs ôte les péchés. »* Ces sacrifices ne faisaient que repousser le jugement et graver dans les consciences cette vérité incontournable : sans effusion de sang, il n'y a pas de pardon. Le système mosaïque était une flèche prophétique pointant vers Golgotha, criant symboliquement : *« L'Agneau parfait arrive ! »*.

Jésus, l'Agneau Pascal parfait

Quand Jean le Baptiste voit Jésus approcher des eaux du Jourdain, toute l'histoire sacrificielle de plusieurs millénaires converge dans son cri prophétique : *« Voici l'Agneau de Dieu qui ôte le péché du monde ! »* **(Jn 1 : 29)**. Pas un agneau parmi d'autres, mais *l'Agneau*, celui dont le sang n'allait pas seulement couvrir, mais effacer le péché. L'agneau pascal devait être un mâle d'un an sans aucun défaut, choisi avec soin et inspecté durant 4 jours pour garantir sa perfection. Selon le rite, il devait ensuite être rôti entier sans que l'on ne brise aucun de ses os.

L'accomplissement du rite pascal en Jésus est d'une précision qui défie toute coïncidence :

• **Le Lieu :** Jésus naît à Bethléem (*« maison du pain »*), là même où l'on élevait les agneaux destinés aux sacrifices du Temple.

• **La Sélection :** Le 10e jour du mois de Nissan, jour où chaque famille devait choisir son agneau, Jésus entre triomphalement à Jérusalem. Les rameaux étendus sur le chemin de l'âne signifient que le peuple a choisi Jésus comme son Agneau.

• **L'Inspection :** Du 10 au 14 Nissan, pendant exactement quatre jours, les Hébreux devaient inspecter l'agneau **pour s'assurer qu'il était sans tache, donc sans aucun défaut.** Jésus est ainsi examiné publiquement par tous les groupes religieux et politiques d'Israël. Les pharisiens l'interrogent sur l'impôt à César, les sadducéens le mettent à l'épreuve sur la résurrection, les hérodiens tentent de le piéger politiquement et les scribes scrutent sa doctrine. Chaque groupe cherche un défaut. Aucun n'est trouvé. Même Pilate déclare par trois fois : *« Je ne trouve aucun crime en cet homme. »* (**Lc 23 : 4,** version Darby).

• **L'Heure :** Jésus meurt à 15 heures, l'instant précis où les prêtres égorgeaient l'agneau du soir au Temple et où commençait l'immolation des dizaines de milliers d'agneaux pascaux.

• **L'Intégrité :** Aucun de ses membres ne fut brisé **(Jn 19 : 36)**, contrairement aux brigands crucifiés à ses côtés.

La Symbolique du Repas : Du rite à la réalité

Lors de la Cène, Jésus confère une signification nouvelle aux éléments du Séder pascal. Le Séder est un repas cérémonial qui a lieu pendant la fête de Pessah (la Pâque juive). Il comprend la lecture de textes, la consommation de vin, le récit d'histoires sacrées, le partage d'aliments rituels et des chants. Le mot *Séder* signifie *« ordre »*, ce qui indique que le déroulement de cette soirée suit un rite bien précis. Empreint de sens et d'interprétations profondes, c'est un repas familial très ritualisé visant l'émancipation spirituelle.

Le Séder de Pâque juive (Pessah) - les éléments du repas pascal accomplis en Jésus-Christ

Alors que ses disciples et lui partagent l'agneau, symbole de la rédemption nationale d'Israël, Jésus attire leur regard vers un autre Agneau, celui dont le sang allait être versé pour la rédemption du monde entier.

Vient ensuite la **Matza**, ce pain sans levain dont l'absence de fermentation évoque la pureté, l'absence de toute corruption du péché. Marqué de stries et percé de trous lors de sa cuisson, il ressemble étrangement à un corps meurtri et transpercé. Mais le rite va plus loin encore : la Matza est brisée en deux, et l'une des parts (l'**Afikomen**) est enveloppée et cachée, pour ne réapparaître qu'à la fin du repas. Ce pain caché qui revient, c'est le signe le plus saisissant de la résurrection : le corps mis au tombeau, et qui ressurgit au matin de Pâques. Jésus le prend, le rompt, et prononce ces paroles décisives : « **Ceci est mon corps, donné pour vous.** »

Le **Maror**, les herbes amères, rappelait à Israël l'âpreté de l'esclavage en Égypte. Mais Jésus, en cette nuit, s'apprête à boire une amertume infiniment plus profonde : celle de la coupe du jugement divin, qu'il accepte de vider jusqu'à la lie pour l'humanité tout entière. Cette agonie intérieure sera plus tard scellée par l'éponge imbibée de vinaigre, tendue par les soldats romains **(Ps 69 :22)**. Mais derrière ce geste amer se cache une réalité plus haute : le Christ acceptait ce calice pour **étancher Sa soif de notre salut**.

Enfin vient la **Coupe de la Rédemption**. C'est alors qu'il déclare : *« Cette coupe est la nouvelle alliance en mon sang, qui est répandu pour vous »* **(Lc 22 :20)**. Par ce geste solennel, il scelle une *Brit Chadasha*, une Nouvelle Alliance, éternelle et irrévocable.

Pour comprendre pleinement la portée de ce repas, il faut remonter à sa structure originelle. Le Séder pascal n'est pas un simple rituel commémoratif : c'est une liturgie prophétique articulée autour de quatre coupes de vin, chacune correspondant à l'une des quatre promesses divines de l'Exode 6 **(6-7)**. Ces quatre coupes dessinent ensemble une carte de la délivrance et Jésus, lors de la dernière Cène, les a toutes accomplies dans sa propre personne.

La Coupe de la Sanctification :*« Je vous ferai sortir de dessous les fardeaux des Égyptiens. »* Elle marque la séparation d'avec l'esclavage. Spirituellement, c'est l'acte de la conversion : le croyant est mis à part, arraché du domaine des ténèbres. Le sang du Christ déclare à l'univers entier : cet homme, cette femme, ne sont plus sous l'autorité du péché.

La Coupe de la Délivrance : *« Je vous délivrerai de leur servitude. »* Elle représente la délivrance intérieure : non seulement la sortie d'une condition, mais la libération des chaînes invisibles de la honte, de la peur et du rejet. Ésaïe **(53 :5)** le proclame : *« par ses meurtrissures nous sommes guéris. »* La guérison ne se limite pas au corps ; elle touche l'homme intérieur dans sa totalité.

La Coupe de la Rédemption : *« Je vous rachèterai à bras étendus. »* C'est la coupe que Jésus a saisie lors de la Sainte Cène **(Lc 22 :20)**. À bras étendus, l'image anticipe précisément la posture du crucifié. C'est la coupe juridique : la dette est payée, le titre de propriété est transféré, l'obstacle légal du péché est levé définitivement.

La Coupe de l'Acceptation : *« Je vous prendrai pour mon peuple. »* C'est la coupe relationnelle, celle de l'alliance finale. Elle célèbre non plus un achat, mais une adoption : le croyant devient citoyen d'un Royaume, membre d'une famille royale. C'est à cet instant que le Gouverneur vient prendre résidence permanente dans le cœur du croyant non plus visiteur extérieur, mais résident ; non plus présence passagère comme sous l'Ancienne Alliance, mais la sève vivante d'une identité restaurée.

Or il est remarquable que Jésus ait brusquement interrompu la liturgie du Séder après la troisième coupe, laissant la quatrième non bue : *« Je ne boirai plus du fruit de la vigne jusqu'à ce que je le boive nouveau avec vous dans le Royaume de mon Père »* **(Mt 26 :29)**. La quatrième coupe est différée. Elle attend le festin des noces de l'Agneau. C'est une fissure ouverte dans le temps, une promesse en suspens que le Gouverneur maintient vive dans le cœur de l'Église jusqu'au retour du Roi.

Il est tout aussi remarquable que le repas pascal ait permis aux Hébreux d'entrer en pleine force dans leur liberté retrouvée. Brisés par des années d'esclavage et de labeur, ils furent restaurés dans leur corps avant même de franchir la mer Rouge. La communion au corps et au sang du Christ opère de la même manière : elle est source de guérison pour tous ceux qui s'en approchent avec foi, en discernant ce qu'ils reçoivent.

La Précision du Sacrifice : Réparer la Rupture d'Éden

Dans la pensée biblique, le sang est le siège de la vie **(Lv 17 :11)** : verser le sien, c'est donner sa vie en échange d'une autre. Là où les sacrifices de l'Ancienne Alliance ne faisaient que repousser provisoirement le jugement, le sacrifice du Christ le règle une fois pour toutes. Mais cette transaction possède une précision que l'on sous-estime : Dieu a placé Jésus sur la croix que le texte grec nomme littéralement xylon, l'arbre, transformant l'instrument de malédiction en un nouvel Arbre de Vie. Par ce don total, Jésus réintroduit ce dont la désobéissance d'Adam et Ève nous avait privés. Chaque blessure du Golgotha est une réponse chirurgicale à un point de rupture précis hérité d'Éden :

Les mains percées : Ce que l'homme avait saisi par convoitise, le Fils le restitue par l'abandon de soi sur le bois.

Les pieds cloués : La malédiction de la marche errante d'Adam, fuyant loin de la face de Dieu, est brisée. Désormais, l'homme peut se tenir debout devant son Créateur.

La couronne d'épines : En portant les épines, fruit de la malédiction du sol, Jésus purifie la création de son sceau de transgression et restaure la dignité de notre pensée.

L'accès à l'Arbre de Vie (le côté ouvert) : Pour revenir à l'Arbre de Vie, l'homme devait affronter l'épée flamboyante des chérubins qui barrait l'entrée du jardin **(Gn 3 :24)**. À la Croix, c'est le Christ qui reçoit ce coup de lance fatal à notre place. Son côté percé devient la porte déverrouillée : il absorbe le jugement pour nous ouvrir la voie vers le fruit sacré.

Cette restauration ne se limite pas à un accès symbolique ; elle nous invite à une réelle communion. Le fruit de l'Arbre de Vie, autrefois interdit, nous est désormais offert en la personne même du Christ et la tradition chrétienne reconnaît dans le pain et la coupe de la Cène le signe vivant de cette offrande. Ce pain sans levain et ce fruit de la vigne, hérité du repas pascal, constituent pour le croyant la nourriture de l'éternité. En participant à ce repas du Seigneur, nous entrons dans la promesse même du Christ : « *Celui qui mange ma chair et boit mon sang a la vie éternelle ; et moi, je le ressusciterai au dernier jour. En effet, ma chair est la vraie nourriture, et mon sang est la vraie boisson. Celui qui mange ma chair et boit mon sang demeure en moi, et moi, je demeure en lui.* » **(Jn 6 :54-56).**

En recevant ce "Pain de Vie" et en buvant à cette "Coupe de Salut", nous touchons la substance de l'éternité que le péché nous avait ravie. Chaque goutte de sang versée fut le prix de notre réconciliation transformant notre exil en adoption glorieuse, faisant de cette table le lieu où l'humanité goûte enfin, en Christ, au fruit de l'arbre de vie.

Le Rachat du titre de propriété

C'est ici que la transaction se conclut. Le péché nous avait vendus à un autre maître : par notre rébellion, nous avions cédé les droits légaux sur notre temple, corps, âme, esprit à l'ennemi de Dieu. Séduit par un mensonge, l'homme a ouvert la porte à un maître illégitime. L'ennemi n'a rien volé par la force ; il a obtenu par fraude ce qu'Adam lui a abandonné. Ce que l'on comprend rarement, c'est que Dieu ne rachète pas un bien étranger : Il récupère ce qui Lui appartenait déjà. Par définition, on ne rachète que ce qui nous a déjà appartenu. Le Sang de Jésus est la monnaie qui a réglé cette dette colossale. Il ne paie pas un tribut à l'ennemi, mais il annule une transaction illégale. Le titre de propriété a été officiellement transféré et notre être a été déclaré devant les tribunaux célestes : « Propriété de Dieu ». Dans le monde artistique grec, lorsqu'un peintre achevait son œuvre et qu'elle correspondait point par point à la vision originale qu'il avait conçue, il s'écriait : ***Tetelestai.*** *« L'œuvre est accomplie. Elle est exactement ce que j'avais imaginé. »* Ce cri sur la croix nous révèle que Jésus n'improvisait pas. Il n'était pas la victime d'un destin qui lui échappait, mais l'Artiste souverain parachevant son dessein.

Au *Tetelestai* retentissant, des événements cosmiques viennent valider la transaction :

D'abord, le voile du Temple se déchire de haut en bas, acte de Dieu, non usure du temps. La barrière juridique tombe ; l'accès au Lieu Très-Saint est désormais ouvert à tous.

Ensuite, la vie jaillit de la mort : *« Les sépulcres s'ouvrirent, et plusieurs corps des saints qui étaient morts ressuscitèrent »* **(Mt 27 :52)**. La mort perd légalement son pouvoir de rétention sur les rachetés.

Enfin, le témoignage vient de l'inattendu : un centurion romain, un païen, confesse : *« Certainement, cet homme était Fils de Dieu »* **(Mc 15 :39)**. Là où les chefs religieux sont restés aveugles, le monde profane reconnaît la divinité du Crucifié.

La création entière témoigne qu'un séisme spirituel vient de se produire. C'est le moment pivot de toute l'histoire humaine : le Créateur a rejoint sa créature, et l'œuvre de restauration est parfaite.

Cette restauration n'est pas qu'un événement juridique inscrit dans les annales du ciel, elle devient une réalité biologique dans le corps du croyant car Dieu dans sa sagesse a gravé dans notre chair même, le mécanisme par lequel l'Esprit vient habiter l'homme réconcilié.

L'Analogie physiologique : Le Sang, Transporteur de l'Esprit

Pour comprendre cette réalité invisible, regardons la biologie. Le fonctionnement de notre corps physique est un miroir du spirituel :

L'Air (Oxygène) : C'est l'image de la Ruach, l'Esprit qui souffle où Il veut.

Le Sang (Hémoglobine) : Il représente le sacrifice, le prix payé.

Les Cellules : Elles représentent notre cœur et notre vie spirituelle.

L'oxygène est partout, mais il est inutile aux cellules s'il n'y a pas de sang pour le fixer et le transporter. Sans hémoglobine, on peut mourir asphyxié au milieu d'un océan d'air. Spirituellement, l'Esprit est disponible, mais Il ne peut habiter et vitaliser nos cellules spirituelles si le Sang n'a pas purifié le terrain. Sans le Sang, l'Esprit peut souffler autour de nous, nous visiter comme il visitait les prophètes de l'Ancienne Alliance, mais il ne peut pas demeurer en nous de façon permanente. Il reste extérieur, comme l'oxygène qui entoure le corps d'un homme intoxiqué mais ne peut pénétrer ses cellules.

Cette analogie révèle pourquoi tant de gens peuvent être *« religieux »* entourés de l'atmosphère spirituelle, fréquentant les lieux de culte sans jamais expérimenter la vie intérieure. Ils n'ont pas appliqué le Sang. L'Esprit souffle autour d'eux, mais ne demeure pas en eux. Dieu a établi un ordre immuable :

Le Sang purifie	→	L'expiation
Le Temple devient habitable	→	La sanctification
L'Esprit habite	→	L'inhabitation permanente
L'Esprit transforme	→	La glorification intérieure

Jésus devait mourir et être glorifié avant de déverser l'Esprit **(Jn 7 :39)**. Juridiquement, le Sang valide le testament ; l'Esprit est l'héritage libéré.

— ✦ —

Conclusion : L'Exigence Absolue

Le Sang n'est pas une option théologique, c'est la condition sine qua non.

Sans le Sang : La sentence de mort reste active et l'Esprit demeure un visiteur extérieur.

Avec le Sang : La dette est payée, le voile est déchiré, et l'Esprit devient un résident permanent.

Le sacrifice a été accompli à Golgotha, mais il doit être appliqué personnellement par la foi. Ce n'est pas l'agneau du voisin qui protégeait les Hébreux, mais le sang appliqué sur leur propre linteau. En recevant son sacrifice, votre corps devient la résidence royale de l'Esprit. Avez-vous appliqué le Sang sur le linteau de votre cœur ? Le linteau était marqué. La nuit pouvait venir. Mais il restait une question que la Pâque seule ne pouvait résoudre : qui allait entrer ?

Chapitre 7 - Jésus : L'Union Sacrée du Roi oint et du Prêtre

Avez-vous déjà réfléchi à ce que cela signifie d'avoir, en Jésus-Christ, un Représentant permanent auprès du Père ? Pas un intermédiaire qui intercède à distance, mais Quelqu'un qui est simultanément Roi portant votre couronne et Prêtre portant votre nom devant Dieu.

Cette double identité n'est pas un détail doctrinal : elle fonde la qualité de votre accès au Père et la certitude de vos prières. Pour en saisir toute la portée, il nous faut remonter à deux lignées, deux fonctions et une prophétie millénaire que Jésus est le seul à avoir accomplie dans sa chair même. Le sang a coulé, la porte est désormais grande ouverte, et le voile de l'impossibilité s'est déchiré. Mais alors que nous franchissons le seuil de cette nouvelle alliance, une figure singulière se dresse, défiant toute logique humaine : l'Agneau qui est aussi Roi. Comment celui qui a été immolé peut-il revendiquer le sceptre de l'univers ?

Ce chapitre suit une seule démonstration, déployée en quatre temps : pour que le Gouverneur puisse un jour habiter en chaque croyant de façon permanente, il fallait d'abord que Jésus soit à la fois Roi légitime et Prêtre légitime et il fallait qu'Il le prouve dans Sa propre chair.

Nous verrons comment Sa généalogie résout une impasse que deux mille ans d'histoire n'avaient pu dénouer, comment Son sacerdoce ouvre un accès que nulle loi humaine ne pouvait offrir, comment Son baptême démontre qu'un homme peut porter l'Esprit sans le perdre, et pourquoi Son départ était la condition nécessaire pour que ce qui était concentré en Lui devienne disponible en chacun de nous.

Le Secret d'une double généalogie

Pour comprendre qui est Jésus, il faut commencer par explorer Ses racines dans le chaos de l'histoire d'Israël.

- Un trône vide depuis six siècles

Depuis la chute de Jérusalem en 586 av. J.-C. et la fin tragique du roi Sédécias, le trône de Juda était resté vide. Le peuple vivait dans l'attente d'un héritier capable de restaurer cette gloire perdue. La Bible nous offre deux témoignages qui, pris ensemble, révèlent une réalité renversante : Jésus est à la fois **Roi** et **Prêtre**. Deux titres que l'Ancien Testament n'avait jamais réunis en un seul homme, car une frontière stricte séparait autrefois le trône de l'autel.

- Un Roi légitime par un chemin inattendu

Par Joseph, son père légal, Jésus est l'héritier direct du trône de David. La lignée selon laquelle devait surgir le messie. L'évangéliste Matthieu l'établit dès sa première ligne **(Mt 1 :1)**, et toute la vie de Jésus le confirme, de son entrée triomphale à Jérusalem accomplissant la prophétie de Zacharie, jusqu'à sa déclaration solennelle devant Pilate : *« Mon royaume n'est pas de ce monde »* **(Jn 18 :36).** Tout témoigne de son droit légitime au sceptre.

Pourtant, un obstacle spirituel majeur se dressait sur cette route : la **malédiction de Jéchonias**. Dans le livre de Jérémie **(22 :30)**, Dieu avait prononcé un jugement terrible contre ce roi, ancêtre de Joseph : aucun de ses descendants ne réussirait plus à s'asseoir sur le trône de David. Si Jésus avait été le fils biologique de Joseph, cette « impasse spirituelle » l'aurait disqualifié d'office.

- Jacob et Héli : deux pères, un seul dessein

Nous avons souvent l'habitude de lire les généalogies bibliques assez rapidement, les considérant comme de simples listes de noms. Pourtant, un détail interpelle : les apôtres donnent des généalogies différentes à Joseph. Comment est-ce possible ? Joseph aurait-il eu deux pères ? Cette apparente contradiction entre les récits de Matthieu et de Luc n'est pas une erreur de plume, elle révèle au contraire le génie de la Providence.

- La ligne royale et la ligne sacerdotale

Matthieu trace la lignée légale et royale de Joseph, fils de Jacob. Cette lignée passe par Salomon et Jéchonias : elle détient les droits au trône, mais elle est frappée par la malédiction. Luc, en revanche, remonte par Marie, dont le père est Héli. En hébreu, le terme ben « fils », désigne ici le gendre. Les femmes n'étaient pas inscrites dans les registres officiels de l'époque ; Joseph apparaît donc à leur place, comme représentant légal de la famille. Ce n'est pas une anomalie : c'est simplement la convention juridique du monde juif du premier siècle.

La lignée de Marie emprunte un autre chemin que celui de Joseph : celui de Nathan, un autre fils de David. Nathan et Salomon étaient tous deux fils de David et de Bath-Schéba, frères de même père et de même mère. Nathan n'était donc pas étranger à la royauté davidique mais il en était le cadet. Et selon toute logique dynastique, un cadet ne supplante pas l'aîné : tant que la lignée de Salomon demeurait viable, celle de Nathan ne pouvait prétendre au trône. Elle existait, elle était royale, mais elle attendait dans l'ombre, sans vocation apparente à régner.

C'est là que la malédiction de Jéchonias change tout. En frappant la branche salomonique, Jérémie ne détruisait pas seulement une lignée, il la rendait juridiquement inhabitable. La succession royale ne pouvait plus transiter par elle. Et soudain, la ligne de Nathan, longtemps secondaire, devenait la seule voie intacte issue de David. Non par élection humaine, mais par élimination providentielle. Ce que la malédiction avait fermé d'un côté, la Providence l'ouvrait de l'autre. Marie venait de Nazareth, cité où les descendants de David s'étaient rassemblés après l'exil, un détail géographique qui n'est pas anodin.

➢ Pourquoi Joseph était-il indispensable ?

À cette époque, la transmission des titres et des droits de succession était strictement patrilinéaire, elle passait par le père. Même si Marie descendait de David, elle ne pouvait pas, selon les règles juridiques de l'époque, transmettre seule le droit au trône. Pour que Jésus soit reconnu légalement comme héritier de David par la société juive et les autorités romaines, il lui fallait un père légal issu de la branche royale. C'est précisément ce que fit Joseph : en reconnaissant Jésus comme son fils, il lui transféra ses droits dynastiques. L'adoption n'était pas un arrangement humain de substitution, c'était l'acte juridique qui rendait la royauté de Jésus incontestable aux yeux de la Loi.

Généalogies de Jésus

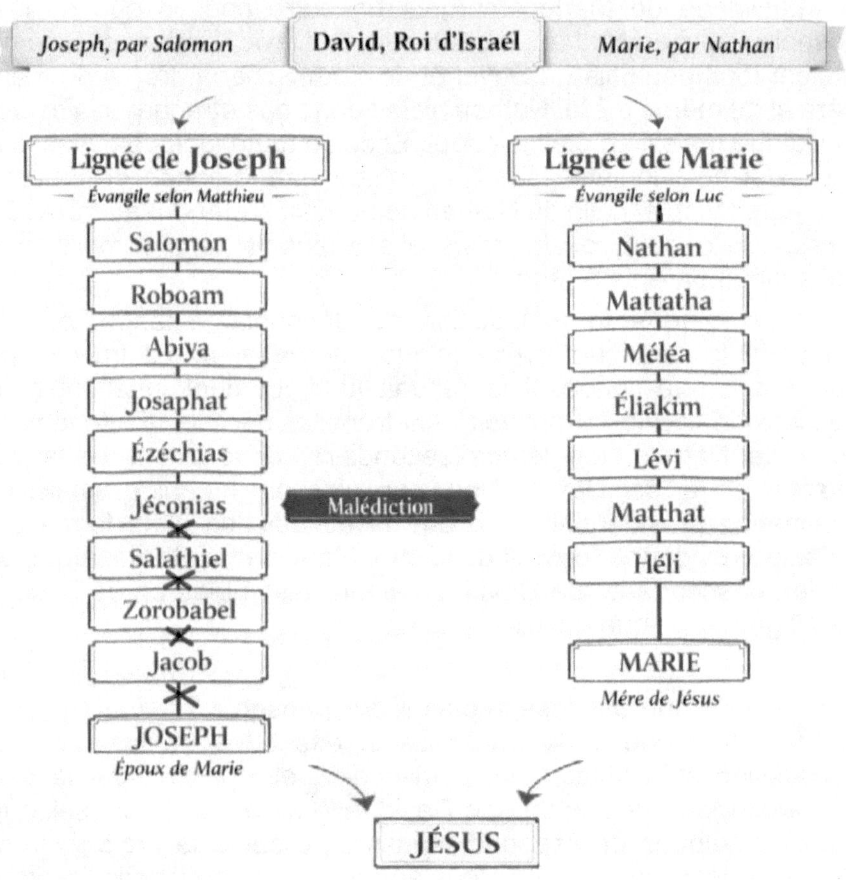

- La solution providentielle

En naissant d'une vierge, Jésus opère une fusion que nulle généalogie humaine n'aurait pu produire.

Joseph lui transmet ses droits dynastiques par l'acte juridique de la reconnaissance mais uniquement ses droits. La malédiction de Jéchonias, elle, transitait par le sang. Or Joseph n'est pas le père biologique de Jésus. Le lien est légal, non charnel. Les droits au trône passent ; la malédiction, n'ayant aucun sang par lequel voyager, s'arrête au seuil. Ce que la chair aurait transmis avec la souillure, l'adoption transmet sans elle.

De Marie, Jésus reçoit le sang davidique réel, incontestable, issu de la ligne de Nathan, intacte de toute condamnation. Il est ainsi, dans sa chair, un véritable fils de David. Et dans son statut légal, un héritier royal incontestable.

La virginité de Marie n'est donc pas seulement un mystère de sainteté : elle est la solution structurelle par laquelle Dieu dénoue ce que la Loi avait rendu insoluble. Ce que la chair ne pouvait transmettre sans souillure, l'Esprit l'accomplit sans défaut. Jésus est le seul être de l'Histoire à recevoir les droits d'une lignée sans en porter le poids : héritier sans débiteur, roi sans malédiction.

Ce n'est pas un contournement arbitraire. C'est une économie où chaque détail généalogique, chaque nuance juridique, chaque convention du monde juif du premier siècle concourt à l'accomplissement d'un dessein tracé de longue main. La Providence n'improvise pas. Elle tisse.

La généalogie royale est établie. Mais être Roi ne suffit pas : pour que le Gouverneur puisse habiter dans un temple humain purifié, il fallait aussi un Prêtre capable d'y effectuer la purification. Et ici se dresse un obstacle que la naissance seule ne pouvait franchir.

Un Prêtre selon l'Ordre de Melchisédek

Pour accomplir sa mission, le Messie ne pouvait se contenter d'être un monarque politique : il devait aussi être l'intercesseur sacré. Et c'est ici que la figure de Melchisédek s'impose, bien au-delà de toute filiation tribale, comme le véritable fondement de son sacerdoce.

Dans l'Ancien Testament, royauté et prêtrise étaient strictement séparées. Le roi Ozias en fit la douloureuse expérience : frappé de lèpre pour avoir osé franchir cette frontière **(2 Ch 26 :16-21)**, il illustre l'inviolabilité de cette séparation. Un seul personnage avait réuni ces deux titres avant Jésus : Melchisédek, roi de Salem et prêtre du Dieu Très-Haut **(Gn 14 :18).** Il surgit dans l'Écriture sans généalogie, sans début ni fin de jours connus, figure hors catégorie, préfiguration d'un sacerdoce d'un autre ordre. Le psalmiste avait prophétisé que le Messie serait « *prêtre pour toujours selon l'ordre de Melchisédek* » **(Ps 110 :4)** : non par la naissance dans une tribu particulière, mais par la puissance d'une vie indestructible **(Hé 7 :16).** En Jésus, cette prophétie trouve enfin son visage : Il est le Roi qui règne et le Prêtre qui intercède, unissant la terre et le ciel sous un seul gouvernement.

Les deux lignées humaines convergent vers ce point. Par Joseph, Jésus peut légitimement revendiquer le trône de David. Par Marie, dont la cousine Élisabeth est « *une des filles d'Aaron* » **(Lc 1 :5)**, révélant ainsi le sang sacerdotal qui coulait dans sa famille, Jésus est introduit dans la lignée lévitique, apte à s'approcher de Dieu au nom du peuple. Cette lignée sacerdotale, perçue par des pères comme Ambroise de Milan ou des réformateurs comme Luther et Calvin, fait de Jésus le point de rencontre unique entre le trône et l'autel. La Providence n'a rien laissé au hasard : Jésus inaugure son ministère à l'âge de trente ans, précisément l'âge auquel les Lévites entraient en fonction **(Nb 4 :3)**, et il accomplit au Jourdain les trois conditions de l'investiture sacerdotale : l'âge requis, la purification par l'eau, et l'onction, cette dernière étant accomplie non par l'huile, mais par l'Esprit Saint lui-même.

Il faut noter qu'à cette époque existait une attente messianique double, attestée notamment dans les Manuscrits de la Mer Morte : celle d'un Messie royal, fils de David, et celle d'un Messie sacerdotal, fils d'Aaron. En réunissant ces deux sang, Jésus se présentait comme le point de convergence unique de ces deux espérances. Ce n'est sans doute pas étranger au fait qu'il ne fut jamais accusé d'usurpation sacerdotale : il n'a pas tenté de forcer l'entrée du Saint des Saints ni de sacrifier sur l'autel du Temple. Il se comportait en rabbi et en prophète, et son autorité, aux yeux de la foule, venait de ses miracles et de son enseignement, non d'un titre généalogique. Par ailleurs, la prêtrise officielle de Jérusalem était largement perçue, notamment par les Esséniens, comme corrompue et inféodée aux Romains. En adoptant les codes du prêtre sans appartenir à l'institution, Jésus se posait, pour ses partisans, comme le vrai sacrificateur spirituel face à un système jugé illégitime.

Mais c'est lors du dernier Seder que tout se noue. En offrant le pain et le vin, Jésus agit selon l'ordre de Melchisédek, ce même roi de justice qui avait autrefois béni Abraham avant qu'Israël existât, avant la Loi, avant le Temple, avant tout. Sa double généalogie n'est donc pas la source de son autorité : elle en est la traduction humaine, le signe extérieur d'une réalité qui la dépasse infiniment.

Un détail vestimentaire vient sceller cette réalité au moment même du sacrifice. Il faut cependant être précis : Jésus ne portait pas les ornements officiels du Souverain Sacrificateur, le pectoral serti de pierres précieuses, l'éphod d'or, la tiare. Ce n'est pas là que réside le signe. C'est dans un seul détail, discret mais chargé de sens, que Jean attire notre attention : sa tunique était tissée d'une seule pièce, de haut en bas, sans couture **(Jn 19 :23-24).** Or, Flavius Josèphe décrit la tunique du Grand Prêtre en des termes exactement identiques. Pour un observateur averti de l'époque, le message était subtil mais limpide : cet homme agissait comme un souverain sacrificateur non pas dans le Temple, mais sur la croix. Il n'a pas contesté la généalogie des prêtres ; il a déplacé le lieu du sacrifice, de l'autel de pierre à la croix.

Ce qui établit définitivement son sacerdoce n'est plus aucune généalogie humaine, mais la puissance d'une vie indestructible : en ressuscitant, il vainc la mort et devient le Grand Prêtre éternel que nul avant lui n'avait pu être.

Roi par Joseph. Prêtre par Marie. Mais ce ministère ne commence pas au Jourdain : il commence au moment même de la conception. Avant que Jésus n'ouvre la bouche, avant qu'Il ne pose les pieds dans le Jourdain, l'Esprit était déjà à l'œuvre, établissant dans Sa chair la structure même qu'Il viendrait un jour habiter en nous.

De la Tente à la Chair : Marie, le Nouveau Tabernacle

Le ministère de Jésus ne commence pas à Son baptême : il commence dès Sa conception. L'ange Gabriel emploie un terme précis pour décrire l'action de l'Esprit Saint sur Marie : ***episkiasei*** *« couvrir de son ombre »*. Ce mot n'est pas choisi au hasard. C'est le terme exact utilisé dans l'Exode pour décrire la Nuée de gloire descendant sur le Tabernacle. L'ombre, dans l'Écriture, n'est pas l'absence de lumière : c'est la marque de la proximité. En venant couvrir Marie de Son ombre, Dieu ne Se cache pas : Il S'approche, franchissant la distance infinie séparant le Créateur de Sa créature pour habiter en elle. Hier, Il habitait dans une tente faite de tissus et d'or ; aujourd'hui, Il habite dans le corps d'une femme.

L'ancienne Arche contenait la Loi gravée dans le roc, la Manne du désert et le Bâton d'Aaron. Marie, elle, porte en son sein bien davantage : le **Législateur vivant**, qui n'inscrit plus Sa Loi sur la pierre mais dans les cœurs ; le **Pain de Vie**, qui nourrit l'humanité d'une manne désormais inépuisable ; et le **Grand Prêtre éternel**, qui inaugure un ministère sans fin.

Cette analogie se déploie jusque dans les détails du récit biblique. De même que l'Arche demeura trois mois chez Obed-Edom, attirant la bénédiction sur toute sa maison **(1 Ch 13 : 13-14)**, Marie, la Nouvelle Arche, séjourne trois mois chez Élisabeth. Sa simple présence fait tressaillir de joie ceux qu'elle visite, transformant la demeure de sa cousine en un sanctuaire de grâce.

Cette même ombre réapparaît dans les Actes des Apôtres. La foule dépose les malades sur le chemin de Pierre, espérant que son ombre seule les guérisse **(Ac 5 :15).** Ce n'est pas une superstition populaire : c'est une intuition théologique profonde. Pierre est si proche du Soleil de Justice que son ombre porte la puissance de guérison. Si l'ombre de Dieu sur Marie avait permis l'accueil de Sa présence, l'ombre de Pierre la prolongeait, manifestant que l'Esprit n'était plus seulement *sur*, mais *en* l'homme.

Les Mages venus d'Orient parachèvent cette révélation en un langage de symboles. Leurs trois présents résument le mystère du Roi-Prêtre que nous venons de décrire : l'**or** reconnaît la souveraineté du Fils du Roi de l'Univers ; l'**encens**, symbole de la prière et de l'intercession dans le Lieu Saint, révèle le Grand Prêtre qui se tient perpétuellement devant le Père ; la **myrrhe**, liée à l'onction et à l'embaumement, lie la crèche à la Croix et l'Incarnation au Sacrifice. En trois matières, les Mages confessent sans le savoir ce que toute la double généalogie annonçait : un Roi-Prêtre venu pour régner et pour mourir.

Cette double filiation, royale et sacerdotale, fait de Jésus le médiateur parfait que l'Ancienne Alliance préfigurait sans pouvoir l'engendrer. Dès Son premier souffle, Il accomplit l'espérance de deux millénaires d'attente : un Sauveur capable d'entrer dans le Lieu Très Saint, non avec le sang d'animaux, mais avec Son propre sang, pour réconcilier définitivement l'humanité avec Dieu **(Hé 9 :12).** Ce mystère s'incarne en Marie : elle est le point de jonction où le trône et l'autel s'unissent enfin. En elle, les deux lignées fusionnent pour que son « **oui** » silencieux ouvre la porte que nul autre ne pouvait franchir, offrant au monde son véritable Roi-Prêtre. »

Le Baptême : La Démonstration Nécessaire

Avant que cette réconciliation devienne universelle, il fallait une démonstration. Pouvait-on vraiment espérer que des millions d'êtres humains imparfaits portent l'Esprit de Dieu sans le perdre ? Sous l'Ancienne Alliance, la demeure de l'Esprit en l'homme demeurait précaire, temporaire, conditionnelle. Il fallait qu'un homme véritable, pleinement homme, pas un ange ni un fantôme, démontre que cette union permanente était possible.

Cette démonstration s'inscrit dans une signature divine qui traverse toute l'Écriture. Au commencement, Dieu crée en séparant les eaux **(Gn 1 :6-9).** L'Esprit plane alors sur l'abîme le terme hébreu ***merakhefet*** évoque un oiseau qui couve, qui s'abaisse sur les eaux pour faire éclore la vie. Ce n'est pas une simple image, poétique :

c'est le geste fondateur de toute création. Là où l'Esprit s'abaisse et demeure, la vie naît.

Lors du Déluge, quand les eaux fusionnèrent et que la création retourna au chaos, c'est encore la Ruach qui remit de l'ordre : *« Dieu fit passer un vent sur la terre, et les eaux s'abaissèrent »* **(Gn 8 :1).** La colombe revenant avec un rameau d'olivier posa le motif fondateur : le salut est enfanté dans les eaux. Ce schéma se répéta à l'Exode, et Paul en saisit lui-même la portée baptismale : *« Tous ont été baptisés en Moïse dans la nuée et dans la mer »* **(1Co 10 :2).**

Au Jourdain, tous ces symboles convergent et s'accomplissent. Les eaux ne s'abaissent plus cette fois, mais la colombe descend. Et dans ce geste, toute la signature divine ressurgit : l'oiseau qui couvre pour faire éclore la vie, le *merakhefet* du commencement, rejoue sa partition. La colombe rappelle celle de Noé, elle annonce que le temps du jugement est achevé, mais avec une différence décisive : elle ne repart pas. Elle descend et demeure. Jean-Baptiste en témoigne : *« J'ai vu l'Esprit descendre du ciel comme une colombe et s'arrêter sur lui... c'est celui qui baptise du Saint-Esprit »* **(Jn 1 :32-33).**

L'Esprit n'est plus un visiteur temporaire. Il établit Sa résidence. Ce que la création avait esquissé, ce que le Déluge avait préfiguré, ce que l'Exode avait répété, tout cela trouve ici son accomplissement définitif : un homme, pleinement homme, porte l'Esprit sans le perdre. Si l'Esprit demeure sur jésus là où il ne faisait que visiter les autres, c'est parce qu'il trouve en Lui ce qu'il cherche partout ailleurs sans le trouver : une nature sans résistance, un temple sans souillure. Là où le péché avait creusé un abîme entre l'Esprit et l'Homme, la sainteté de Christ ouvre une demeure permanente.

Jésus, Modèle de l'Humanité Restaurée

Jésus n'a pas accompli Son ministère en *« trichant »* avec Sa divinité. Il a vécu en tant qu'homme rempli de l'Esprit, non en tant que Dieu déguisé. Philippiens (**2 :6-7**) révèle qu'Il a volontairement *« vidé »* Sa gloire, la ***kénose***, du grec *kenóō*, « se vider » pour vivre une humanité authentique, entièrement dépendante de l'Esprit. Ses miracles sont accomplis par l'Esprit **(Mt 12 :28)**, Sa sagesse vient de l'Esprit **(Lc 2 :40)**, Sa victoire sur la tentation est remportée par l'Esprit **(Lc 4 :1-2),** et Sa résurrection elle-même s'accomplit par l'Esprit **(Rm 8 :11).**

Dans la synagogue de Nazareth, quand Il ouvre le rouleau d'Ésaïe, ce n'est pas un simple exercice de lecture : c'est la présentation de Ses lettres de créance. Il lit : *« L'Esprit du Seigneur est sur moi, parce qu'Il m'a oint pour annoncer une bonne nouvelle aux pauvres ; Il m'a envoyé pour guérir ceux qui ont le cœur brisé, pour proclamer aux captifs la délivrance, et aux aveugles le recouvrement de la vue, pour renvoyer libres les opprimés, pour proclamer une année de grâce du Seigneur. »* **(Lc 4 :18-19).** Seul l'Oint de Dieu pouvait dire ces mots non comme une aspiration, mais comme une réalité permanente et sans mesure.

En déclarant *« Aujourd'hui cette parole de l'Écriture est accomplie »* **(Lc 4 :21),** Il transforme une promesse millénaire en réalité immédiate. Pas *« sera accomplie un jour ». Est accomplie.* Maintenant. Définitivement. Jean précise que Dieu ne lui donne pas l'Esprit avec mesure **(Jn 3 :34),** parce que Jésus est le temple parfait, assez royal pour présenter l'offrande, assez pur pour en être Lui-même la matière.

C'est précisément parce qu'Il a vaincu le péché *en tant qu'homme habité par l'Esprit* qu'Il devient notre modèle crédible. S'Il l'avait vaincu par Sa seule puissance divine, nous pourrions L'admirer, mais jamais espérer Le suivre. Mais puisqu'Il a ouvert le chemin en tant qu'homme, Sa promesse n'est pas une hyperbole : *« Celui qui croit en moi fera aussi les œuvres que je fais »* **(Jn 14 :12).**

Le modèle est prouvé dans Sa chair. Mais un modèle localisé dans un seul corps, en un seul lieu, ne peut atteindre qu'une poignée de personnes à la fois. Pour que ce qui s'est accompli en Jésus devienne disponible pour chaque croyant sur toute la terre, une dernière transformation était nécessaire.

Du Roi-Personne au Gouverneur-Résident

Un roi confiné dans un corps humain ne peut régner que là où il se trouve. Une question se pose alors inévitablement : comment un Roi siégeant sur le trône des cieux peut-il gouverner des millions de citoyens dispersés aux quatre coins de la terre ?

Même un Roi-Prêtre parfait se heurte à une contrainte insoluble tant qu'il demeure dans la chair : la localisation. Jésus est le Roi-Personne par excellence ; l'Esprit repose sur Lui sans mesure. Pourtant, Il choisit de restreindre Sa visibilité à une seule zone géographique. C'est précisément cette limite physique qui rend Son départ nécessaire : *« Il vous est avantageux que je m'en aille, car si je ne m'en vais pas, le Consolateur ne viendra pas vers vous. »* **(Jn 16 :7)**

Imaginez un musicien se produisant dans une petite salle : pour l'entendre, il faut impérativement être présent ce soir-là, à cet endroit précis. C'était la réalité de Jésus lorsqu'Il marchait en Galilée. Imaginez maintenant ce même concert diffusé en simultané dans le monde entier : un auditeur au Japon et un autre au Brésil l'écoutent au même instant.

C'est l'œuvre de l'Ascension. En rejoignant le Père, Jésus transmue Sa présence : Il n'est plus l'homme que l'on croise au détour d'une rue de Galilée, mais une présence universelle. Il devient accessible en 2026 comme en 2526, au sommet d'une montagne comme au fond d'une cellule de prison. Son départ clôt l'ère du **Roi-Personne localisé** pour inaugurer celle du **Gouverneur-Résident universel**.

— ✦ —

Conclusion : Le Prototype Validé

Les quatre étapes de la démonstration sont achevées. Roi sans malédiction, Prêtre sans fin de jours, homme qui a porté l'Esprit sans le perdre, présence devenue universelle par Son départ : chaque pièce était nécessaire, et aucune ne suffisait seule.

Il a vaincu le péché, traversé la mort, ressuscité en gloire, tout cela en tant qu'homme habité par la Ruach. Par Sa mort, Il a pris sur Lui la malédiction du péché **(Ga 3 :13)** ; par Sa résurrection, Il a détruit la puissance de la mort **(2Tm 1 :10).** L'obstacle juridique est définitivement levé. Le prototype peut désormais être multiplié.

Ce qui était concentré en une seule personne en Galilée est désormais disponible en chaque croyant sur toute la terre. Le Roi-Prêtre unique devient le modèle reproductible. Son départ ne fut pas un retrait, ce fut une expansion. Le Roi-Prêtre ne marche plus à côté de nous ; Il vit en nous par Son Gouverneur.

Nous L'avons vu au commencement, planant sur les eaux. Nous L'avons vu sous l'Ancienne Alliance, visitant temporairement les prophètes. Nous L'avons vu en Jésus, demeurant sans mesure sur le Messie.

Peut-être avez-vous cherché Sa présence longtemps, sans tout à fait savoir comment L'approcher. Peut-être L'avez-vous effleuré dans un moment de prière, puis perdu, comme on perd un souffle. Ce chapitre vous a montré pourquoi le chemin est ouvert définitivement, sans restriction, sans condition de mérite. Le suivant vous dira *qui* vous attend au bout de ce chemin : non plus un visiteur temporaire, mais un Gouverneur résidant, habitant éternellement dans le temple vivant de chaque croyant.

Chapitre 8 - Le Gouverneur du Royaume

Un Roi qui part sans laisser de gouverneur abandonne son royaume sans direction. Ce n'est pas ce que le Christ a fait. Avant de monter auprès du Père, Il a prononcé une promesse qui allait changer l'histoire pour toujours : *« Je vous enverrai un autre Consolateur, afin qu'Il demeure éternellement avec vous. »* **(Jn 14 :16)**. Non pas un remplaçant provisoire, non pas une présence intermittente comme sous l'Ancienne Alliance mais un Gouverneur permanent, établi dans le cœur même de chaque croyant. Si la Transfiguration nous a montré la destination glorieuse de l'humanité, il reste à comprendre comment ce trésor est acheminé jusqu'à nous. C'est ici qu'intervient le protocole de délégation du Royaume. Ce chapitre explore qui est ce Gouverneur, d'où Il vient, et quelle est l'étendue réelle de Son autorité.

Le Mariage d'Isaac et Rebecca : Type Prophétique de l'Œuvre de l'Esprit

L'analogie repose sur quatre personnages aux correspondances théologiques précises. **Abraham**, figure Dieu le Père. **Isaac**, figure le Christ : « *Mon seigneur est devenu très grand… il lui a donné tout ce qu'il possède.* » (**Gn 24 :35-36**). **Rebecca**, la fiancée appelée de loin à quitter sa famille pour un époux inconnu (l'Église). Et enfin

Éliézer, le serviteur qui préfigure Celui qui *« ne parlera pas de Lui-même »* **(Jn 16 :13)**. Cette correspondance n'est pas fortuite : la Bible est écrite en types et en antitypes, et chaque détail de Genèse 24 porte une charge prophétique précise.

L'histoire d'Abraham envoyant son serviteur chercher une épouse pour Isaac n'est pas seulement un récit historique ; c'est un tableau prophétique qui illustre le rôle du Saint-Esprit comme Gouverneur du Royaume. Abraham (le Père) désire une épouse pour Isaac (le Fils) et confie au serviteur tous ses biens pour accomplir cette mission. Ce dernier ne cherche pas sa propre gloire ; il parle uniquement de son maître. Tout comme lui, le Saint-Esprit est envoyé par le Père pour appeler et préparer l'Église, apportant avec Lui toutes les richesses du Ciel **(Gn 24 :10).**

Rebecca révèle le caractère de l'Église par son empressement : elle abreuve non seulement le serviteur mais aussi ses dix chameaux. C'est un travail colossal, un chameau assoiffé pouvant boire près de cent litres. Le serviteur lui remet alors « *un anneau d'or... et deux bracelets* » **(Gn 24 :22).** De même, le Gouverneur distribue des dons spirituels à l'Église **(1 Co 12),** gages de l'héritage futur : Il équipe ses citoyens avec les insignes et les outils de leur nouvelle identité royale.

Sur le long chemin du retour, le serviteur ne parle que d'Isaac : sa naissance miraculeuse, son sacrifice sur le mont Moria, la fortune de son père dont il est l'unique héritier. De la même manière, le Saint-Esprit « *prend de ce qui est à Christ et nous l'annonce* » **(Jn 16 :14).** Il attise notre désir pour l'Époux céleste. Nous sommes actuellement dans ce voyage : le Gouverneur ne parle pas de Lui-même ; Il oriente constamment nos regards vers le Roi. Et lorsque Rebecca aperçoit enfin Isaac venant à sa rencontre dans les champs au crépuscule, elle descend de son chameau et se voile, image des Noces de l'Agneau, où l'Église est présentée au Roi par le Gouverneur qui aura alors accompli Sa mission : livrer une Épouse préparée, éprise de Celui qu'elle n'a pas encore vu mais qu'elle aime déjà.

À l'image d'Éliézer guidant Rebecca vers Isaac, le Gouverneur escorte l'Église jusqu'à Christ et il connaît le chemin. Mais ce Guide ne se contente pas de marcher à nos côtés : il choisit de s'établir au cœur même du voyageur. Il n'est pas une carte que l'on consulte de l'extérieur ; Il est tel un GPS divin configuré en nous. Même si vous tenez le volant, il est vital de se laisser diriger. Il agit comme un guide de haute montagne, celui qui connaît chaque passage, chaque danger et chaque détour, et qui, désormais, marche à travers nous.

Contrairement à l'Ancienne Alliance où l'Esprit *visitait* l'homme, le Gouverneur établit dorénavant Sa résidence permanente en chaque croyant. Il n'est plus un hôte de passage, mais l'intendant légitime qui réorganise chaque pièce de notre existence selon la volonté du Roi. Si cette présence est un fait théologique acquis pour tout racheté, il existe cependant une dynamique entre cette vérité et son déploiement concret, une dynamique que seule l'expérience de la Pentecôte peut pleinement révéler.

Imaginez la différence entre séjourner à l'hôtel et habiter une maison dont vous êtes propriétaire. À l'hôtel, votre présence est provisoire : vous n'osez ni déplacer les meubles, ni entreprendre la moindre rénovation. Mais dans sa propre demeure, on s'approprie chaque espace, on investit, on transforme selon sa vision. Le Gouverneur ne se contente pas d'occuper les lieux ; Il les façonne, Il les investit, Il les habite. Désormais, votre vie porte la marque indélébile de Celui qui y réside car c'est Lui qui détient le plan de l'Architecte.

Comment le Roi a-t-il rendu cette résidence possible ?

Un gouverneur ne peut résider dans une province en état de rébellion. Pour que Son règne s'établisse, le Christ a dû au préalable *« pacifier le territoire »* et Il l'a fait dès la croix, avant même que quiconque le demande. Ce que David craignait de perdre **(Ps 51 :13)**, nous ne pouvons plus le perdre. Ce qui était conditionnel est devenu inconditionnel. Ce qui était temporaire est devenu éternel.

Cette pacification n'est pas métaphorique. Dans le droit romain, un créancier tenait une liste de dettes appelée *« acte d'accusation »*, le *χειρόγραφον*. Lorsque la dette était intégralement payée, le créancier clouait cet acte sur un poteau en signe de solde de tout compte. Colossiens dit que Christ a fait exactement cela : il a *« effacé l'acte rédigé contre nous, qui nous était contraire, et il l'a annulé en le clouant à la croix »* **(Co 2 :14).** Mais le Christ n'a pas seulement effacé la dette ; Il a acquis le terrain. Puisque *« vous avez été rachetés à un grand prix »*, vous ne vous appartenez plus à vous-mêmes **(1 Co 6 :19-20).** Ce prix, Saint-Pierre nous le rappelle, n'est pas fait de choses périssables comme l'argent ou l'or, mais du « *sang précieux de Christ, comme d'un agneau sans défaut et sans tache* » **(1 P 1 :18-19).**

C'est sur ce terrain net, juridiquement pacifié et racheté au prix de Sa vie, que le Gouverneur installe désormais Sa résidence éternelle. Ce qui était autrefois une province rebelle est devenu Sa propriété privée, un sanctuaire dédié à Sa gloire.

La Ville de Refuge : un Espace de Grâce

Depuis la croix, Jésus prononce : *« Père, pardonne-leur, car ils ne savent pas ce qu'ils font »* **(Lc 23 :34)**. Ce n'est pas seulement un geste de bonté ; c'est un acte juridique. Dans l'Ancien Testament, Dieu avait institué des villes de refuge **(Nb 35)** : des lieux où celui qui avait tué involontairement pouvait s'abriter de la vengeance. Il y demeurait en sécurité jusqu'à la mort du Grand Prêtre, qui scellait son amnistie définitive.

En invoquant l'ignorance de ses bourreaux, *« ils ne savent pas »* Jésus requalifie l'infraction. Il les place juridiquement dans la catégorie du meurtrier involontaire, leur ouvrant l'accès au refuge. Il utilise Sa propre voix, Lui la Victime, pour plaider la circonstance atténuante. Normalement, le sang innocent crie vengeance comme celui d'Abel. Mais ici, Jésus transforme Son sang en couverture de miséricorde. Il devient Lui-même la Ville de Refuge : le lieu où tout pécheur peut s'abriter. Et parce qu'Il est le Souverain Sacrificateur (nous le verrons au chapitre 10), Sa mort accomplit ce que la mort du Grand Prêtre préfigurait, non une libération provisoire, mais une amnistie totale et définitive.

La symétrie typologique est saisissante : comme l'homme homicide devait demeurer dans la ville de refuge jusqu'à la mort du Grand Prêtre, c'est précisément la mort du Grand Prêtre suprême, Jésus, qui scelle notre libération totale et permanente. Nous ne sommes plus contraints de *« demeurer dans le refuge »* par peur ; nous y demeurons par amour, sachant que la dette est soldée une fois pour toutes. C'est sur ce fondement légal que s'élève l'œuvre de la réconciliation : le Gouverneur peut enfin installer Sa résidence permanente dans un temple purifié, débarrassé de toute créance céleste.

Le Mandat du Gouverneur

La mort du Christ n'a pas seulement effacé nos fautes ; elle a détruit l'acte d'accusation qui nous rendait *« inhabitables »* pour un Dieu saint **(Col 2 :14)**. La résurrection a fait plus encore : elle a introduit une nouvelle espèce humaine. L'Esprit ne vient pas *« policer »* votre ancienne nature ; Il vient implanter une nature compatible avec le Ciel. Le miracle n'est pas que l'homme soit devenu meilleur, c'est qu'il est devenu un Temple.

Dans les territoires éloignés du pouvoir central, le gouverneur était souvent le dernier recours des faibles face aux abus des puissants : il rendait la justice au nom du roi, là où la distance rendait l'accès au souverain impossible. Le Saint-Esprit porte ce rôle de manière encore plus profonde. Jésus Lui-même le nomme le *Paraclet*, terme juridique grec signifiant *« avocat »* ou *« celui qui est appelé aux côtés de »*. Il se tient à votre côté, convainc de péché, de justice et de jugement **(Jn 16 :8)**, et restaure la justice divine dans le cœur humain. Quand l'accusateur dresse son réquisitoire contre vous, le Paraclet se lève pour la défense. Il ne minimise pas la faute ; Il présente la grâce comme réponse suffisante et définitive.

Le Gouverneur porte un mandat précis : traduire la culture du Ciel dans notre vie terrestre, non par des ordres ponctuels, mais en nous enseignant une *« langue »* spirituelle, une *« éthique »* royale et une *« mentalité »* céleste.

Comme l'a prophétisé Ézéchiel, ce n'est plus la Loi gravée sur des tables de pierre qui gouverne le citoyen du Royaume, mais une Loi inscrite dans le cœur même : *« Je mettrai mon Esprit en vous, et je ferai en sorte que vous suiviez mes ordonnances. »* **(Éz 36 :27)** Le Gouverneur n'est pas un législateur extérieur qui vous impose des règles, Il est le législateur intérieur qui réécrit vos réflexes, vos instincts, vos désirs profonds. Obéir au Roi n'est plus une contrainte vécue dans la peur ; c'est un élan naturel, comme la sève qui monte vers la lumière. C'est précisément en cela que la Nouvelle Alliance est *« meilleure »* **(Hé 8 :6)** : non parce que les lois ont changé, mais parce que la capacité de les vivre a été installée de l'intérieur, par le Gouverneur résident.

Il faut ici préciser une nuance décisive : contrairement à un gouverneur humain qui administre en l'absence physique de son roi, le Saint-Esprit ne représente pas un Jésus absent. Il rend présent un

Jésus vivant. Jean est explicite : *« Il me glorifiera, car il prendra de ce qui est à moi »* **(Jn16 :14).** Le Gouverneur n'est pas un substitut du Roi, il est le mode de présence du Roi à l'intérieur même de ses citoyens. Là où réside l'Esprit, le Roi est présent. Non pas représenté. Présent.

La Logistique du Royaume : Provision et Protection

Comme Éliézer disposait de *« tous les biens de son seigneur »*, le Gouverneur a accès à la banque céleste pour financer les projets du Royaume dans votre vie. Quand Dieu vous appelle à une mission qui dépasse vos capacités, le Gouverneur ouvre les réserves : sagesse quand vous ne savez que faire, force quand vous êtes épuisé, paix quand tout s'effondre, foi quand vos propres ressources sont taries. *« Mon Dieu pourvoira à tous vos besoins selon sa richesse, avec gloire, en Jésus-Christ. »* **(Ph 4 :19)** L'ambassadeur ne dépense jamais son propre argent en mission ; il présente les armes diplomatiques de son pays. De même, *« nous faisons les fonctions d'ambassadeurs pour Christ »* **(2 Co 5 :20)**, soutenu, financé et couvert par la puissance de Celui qui nous envoie.

Le Gouverneur assure également votre protection spirituelle. Il exerce l'autorité plénière du Roi. L'armée céleste elle-même se tient à ses ordres. Les anges sont des agents invisibles envoyés en mission auprès de ceux qui doivent hériter du salut **(Hé 1 :14).** Mais leur rôle ne se limite pas à la garde personnelle du croyant : le Gouverneur coordonne leur action dans la dimension invisible pour soutenir chaque avancée du Royaume sur la terre, ouvrant des portes là où le serviteur ne peut encore pénétrer, préparant les esprits avant que la Parole n'arrive, protégeant les messagers dans les territoires les plus hostiles. Ce que vous ne voyez pas de votre mission, Lui le voit, et Il en administre la dimension céleste avec la même précision qu'Il administre la vôtre. Ils sont chargés de votre protection : « *Il a donné ordre à ses anges de vous garder dans toutes vos voies.* » **(Ps 91 :11).** Vous n'êtes pas un chrétien isolé, vulnérable, abandonné face aux assauts de l'ennemi ; vous êtes un citoyen sous la protection directe du représentant officiel du Roi. Quand l'accusateur vient vous rappeler vos échecs, le Gouverneur intercède **(Rm 8 :26-27).** Quand la tentation cherche à vous faire tomber, Il ouvre une issue **(1 Co 10 :13).** Vous ne luttez pas seul.

Jean Talon, intendant de la Nouvelle-France sous Louis XIV, reçut une colonie marquée par le désordre et la fragilité. Il traça des routes, organisa les familles, développa l'agriculture et instaura une discipline administrative durable. De la même manière, le Saint-Esprit agit dans le chaos intérieur de l'homme. Il ne se contente pas de calmer les tempêtes ; Il trace des chemins intérieurs, la conscience, la vision morale, la structure de la prière et il organise la communauté croyante pour qu'elle reflète le Royaume de Dieu. Son travail n'est pas spectaculaire à chaque instant, mais il est profond et permanent : pierre par pierre, Il bâtit le Royaume en vous.

Les Implications du Principe de Gouvernance

Reconnaître l'Esprit comme le Gouverneur change radicalement notre vision du quotidien. Le péché n'est plus une simple erreur de parcours ; c'est une trahison diplomatique. Dans le Royaume, l'idolâtrie consiste à installer un portrait rival dans le temple où siège le Gouverneur. Que ce soit l'argent, le succès ou l'ego, toute autre allégeance devient une entrave à l'administration céleste dans votre vie.

À l'inverse, vivre sous cette gouvernance transforme chacun de vos actes en *« langage diplomatique »*. Comme l'intendant Talon représentait Louis XIV dans chaque décision administrative de la Nouvelle-France, chaque attitude conforme au Royaume est une déclaration publique : *« mon Roi règne ici. »* Pardonner l'impardonnable, c'est parler la langue du Royaume. Bénir ses ennemis, c'est appliquer l'éthique royale. Garder la paix dans la tempête, c'est manifester la stabilité de la Métropole céleste. Et ce n'est pas le fruit d'un effort superhéroïque personnel : c'est la marque naturelle d'un Gouverneur qui habite et qui transforme.

— ✦ —

Conclusion : De l'Esclavage à la Filiation

Le Gouverneur n'est pas venu établir une dictature intérieure, mais restaurer un Royaume. En une seule phrase : il est à la fois le Chancelier qui administre les décrets divins, l'Ambassadeur qui incarne la présence du Roi, le Code de Loi Vivant qui donne la capacité d'obéir, et le Cœur de l'Armée qui protège et équipe les citoyens. Tout comme Rebecca avançait vers Isaac parée des richesses d'Abraham, vous marchez aujourd'hui avec les ressources d'un Royaume qui ne connaît pas de crise.

Cette image de Rebecca parée de joyaux porte une dernière leçon : les dons distribués par le Gouverneur ne sont pas des récompenses pour une piété méritée. Ce sont les arrhes de l'héritage à venir, les *« gages de l'Esprit »* **(2 Co 1 :22)** que Dieu pose dès maintenant pour garantir Sa promesse. L'anneau passé au doigt de Rebecca annonçait l'alliance avant même qu'elle ait vu son époux. De la même manière, les dons de l'Esprit en vous sont le signe visible d'une alliance déjà conclue, d'une promesse déjà scellée, d'un héritage déjà acquis qui attend sa plénitude.

Le Gouverneur n'est pas venu vous donner un avant-goût incertain. Il est la garantie divine que ce qui a commencé en vous sera mené à son accomplissement **(Ph 1 :6)**. Chaque don exercé, chaque fruit porté, est une lettre de confirmation du Père : *« Je tiendrai ma promesse. »*

Il a transformé la relation entre le croyant et Dieu, un passage de la servitude à la filiation que nous explorerons pleinement au chapitre 11. Le Gouverneur a été promis. Son rôle a été révélé. Mais une question demeure, urgente : allons-nous Lui ouvrir toutes les pièces de la maison, ou seulement les pièces présentables ? Il y eut un jour précis, un moment inaugural, une intronisation publique, où cette question a reçu une réponse définitive. Ce jour s'appelle la **Pentecôte**.

Chapitre 9 - La Pentecôte : L'Inauguration du Gouverneur

Après avoir accompli Son œuvre de rédemption par le sang et être monté victorieusement auprès du Père, le Roi Jésus engagea la phase décisive de Son plan : l'établissement d'un gouvernement spirituel sur la terre. Cette installation historique eut lieu le jour de la Pentecôte, cinquante jours après la résurrection de Pâques. La Pentecôte telle que relatée dans les Actes des Apôtres n'est pas simplement l'anniversaire de l'Église primitive ; c'est le Jour de l'Inauguration. C'est le moment où la grande prophétie de l'effusion de l'Esprit se réalise de manière éclatante, marquant l'installation officielle et permanente du Saint-Esprit comme Gouverneur divin sur la terre.

Le choc des civilisations : Babel et la Pentecôte

Ces deux moments bibliques forment comme un miroir inversé, révélant deux usages opposés de la puissance et de l'unité.

- Babel : quand l'orgueil unifie

À Babel, l'humanité partage une langue unique, mais son ambition est l'autoglorification : « Bâtissons-nous une ville et une tour dont le sommet touche au ciel, et faisons-nous un nom. » **(Gn 11 :4)**.

C'est le cri d'une civilisation qui tente d'atteindre le divin par ses propres forces.

- La chambre haute : quand la mission unifie

Le jour de la Pentecôte, le miracle ne consiste pas à supprimer les langues pour revenir à une seule, mais à permettre la compréhension mutuelle au cœur de la diversité. L'Esprit traverse les cultures et les nations pour annoncer un même message de réconciliation. Le contraste est saisissant : à Babel, l'homme tente de monter vers Dieu ; à la Pentecôte, Dieu descend vers l'homme. À Babel, on se fait un nom ; à la Pentecôte, on proclame le Nom de Jésus. À Babel, l'unité produit la confusion ; à la Pentecôte, la diversité produit la compréhension.

Les signes de l'investiture

« Tout à coup il vint du ciel un bruit comme celui d'un vent impétueux » **(Ac 2 :2).** Ce n'est pas le vent lui-même, mais le bruit du vent : manifestation de la Ruach, le souffle créateur qui recrée l'homme intérieur. Comme au commencement l'Esprit de Dieu planait sur les eaux, à la Pentecôte Il plane sur l'assemblée des rachetés pour inaugurer une nouvelle création. Ce bruit remplit la maison comme l'air remplit les poumons d'un nouveau-né.

« Des langues, semblables à des langues de feu, se posèrent sur chacun d'eux » **(Ac 2 :3).** Le feu évoque la présence purifiante comme pour Ésaïe dont les lèvres sont touchées par un charbon ardent, la consécration personnelle, chaque disciple recevant sa propre flamme, et l'autorité pour parler : le Gouverneur purifie les ambassadeurs avant d'envoyer leur message.

La naissance de l'Église : du sang au souffle

La Pentecôte confirme que la Nouvelle Alliance, scellée par le sang du Christ, est désormais pleinement opérationnelle. Cette naissance spirituelle se déploie en deux étapes prophétiques.

- Première étape : la Croix, la formation dans le sang et l'eau.

L'Église tire son origine du côté percé du Christ, d'où jaillissent le sang et l'eau **(Jn 19 :34).** De même qu'un nouveau-né vient au monde dans le sang et l'eau, l'Église est issue de ce sacrifice. Par le baptême, cette naissance divine vient s'inscrire dans notre propre histoire. Le côté d'Adam fut ouvert pour que naisse Ève ; le côté du Christ fut ouvert pour que naisse l'Épouse.

- Seconde étape : la Pentecôte, le souffle et le premier cri.

Une Épouse formée n'est pas encore une Épouse vivante. Dans une salle d'accouchement, après la naissance, tout le monde attend un signe : le premier cri, produit par le premier souffle. À la Pentecôte, cette dynamique se reproduit spirituellement. Comme Adam reçut autrefois le souffle de vie **(Gn 2 :7),** l'Église reçoit ici le souffle divin, la Ruach, le vent du ciel. Et aussitôt, elle pousse son premier cri : « *Ils se mirent à parler en d'autres langues, selon que l'Esprit leur donnait de s'exprimer* » **(Ac 2 :4).** Le parler en langues n'est pas seulement un miracle linguistique ; c'est le premier cri d'un nouveau-né spirituel. C'est le signe audible que l'Église respire, qu'elle vit, qu'elle entre dans son existence terrestre sous la direction du Gouverneur.

- **Le sang et l'eau** (la Croix) : les signes de l'enfantement.
- **Le souffle** (la Pentecôte) : la première respiration.
- **Les langues (Ac 2 :4)** : le premier cri de vie.

L'Église n'a pas simplement été fondée ; elle a été enfantée selon un processus divin qui reflète, avec une précision étonnante, les lois de la création naturelle.

La parrhēsia : l'assurance royale

Le terme grec parrhēsia signifie littéralement liberté totale de parole : parler sans peur, sans honte, sans dissimulation. C'est l'assurance royale que le Gouverneur accorde à Ses ambassadeurs, non pas de l'arrogance humaine, mais la confiance qui naît de la certitude de représenter le Roi des rois.

Avant la Pentecôte, Pierre renie Jésus trois fois devant une simple servante **(Mt 26 :69-75),** se cache par peur des autorités et pleure amèrement. Après la Pentecôte, il se lève devant la foule **(Ac 2 :14),** affronte les mêmes autorités qui ont crucifié Jésus **(Ac 4 :8-**

12) et déclare avec une assurance souveraine : *« Il n'y a sous le ciel aucun autre nom [...] par lequel nous devions être sauvés »* **(Ac 4 :12)**. Qu'est-ce qui a changé ? Non la personnalité de Pierre, mais la présence permanente du Gouverneur en lui. La parrhēsia n'est pas le courage de Pierre, c'est le courage de Christ en Pierre.

Cette assurance se déploie dans quatre dimensions :

- **La prière** : nous nous approchons du Trône avec confiance **(Hé 4 :16).**
- **Le témoignage** : nous parlons de Christ sans honte **(Rm 1 :16).**
- **L'épreuve** : nous affrontons la souffrance avec espérance **(Ph 1 :20).**
- **Les décisions** : nous marchons dans la certitude de la direction divine.

La parrhēsia transforme des peureux en témoins, des hésitants en pionniers, des timides en ambassadeurs intrépides.

Ta Pentecôte personnelle : la Nouvelle Naissance

Ce que la Pentecôte a opéré collectivement ce jour-là à Jérusalem, elle l'opère individuellement à chaque conversion. C'est pourquoi il est impossible de comprendre la Pentecôte sans comprendre ce qui se passe à l'intérieur de chaque croyant lorsque le Gouverneur prend résidence.

On ne peut pas recevoir la vie de l'Esprit sans avoir d'abord changé de nature. Cette reconfiguration porte un nom : la Nouvelle Naissance. Elle prend racine dans une conversation célèbre entre Jésus et Nicodème, éminent chef religieux **(Jn 3).** Lors de cet entretien nocturne, Jésus lance un défi qui bouscule toute logique humaine : « *À moins de naître de nouveau, personne ne peut voir le royaume de Dieu.* »

Nicodème, prisonnier d'une lecture littérale, s'interroge sur la possibilité de retourner dans le ventre maternel. Jésus lui précise Sa pensée : il ne s'agit pas d'une seconde naissance biologique, mais d'une naissance d'eau et d'Esprit. Ce n'est pas simplement « devenir meilleur » ou suivre scrupuleusement des règles morales. C'est le moment précis où une personne reconnaît ses limites, place sa confiance totale en Dieu et rétablit ainsi une connexion directe avec Lui. Le passé est effacé, une nouvelle identité émerge.

La conversion est le « oui » de l'homme à Dieu ; la Nouvelle Naissance est le « oui » de Dieu à l'homme.

La mise sous tension divine

Le péché avait totalement désynchronisé l'esprit de l'homme, le branchant sur une fréquence parasite. Le câble vital, arraché à l'origine, a été ressoudé à la Croix. Mais le courant divin est d'une intensité telle que nos architectures humaines, livrées à elles-mêmes, auraient été foudroyées par la tension de la sainteté. Jésus s'est révélé comme notre parfait modulateur : en s'interposant, Il a calibré la puissance de l'Esprit pour qu'elle puisse habiter en nous sans nous consumer. Cette régénération est la mise sous tension réussie de votre être intérieur. Comme le nouveau-né qui pousse son premier cri à sa première inspiration, vous respirez enfin l'air du Royaume. Vous êtes désormais pleinement vivant.

Ce qui renaît : la résurrection de l'esprit

Une question s'impose ici, que trop peu de croyants formulent clairement : qu'est-ce qui, précisément, renaît dans l'homme repenti et converti ? Ce n'est pas le corps qui renaît : il continue de vieillir, de souffrir, de porter les marques de notre condition mortelle. Ce n'est pas l'âme non plus, toujours vivante dans le corps. Ce qui renaît, ce qui ressuscite, c'est l'esprit. Cet esprit qui était mort en Éden le jour où Adam s'est déconnecté de la fréquence de Dieu, et qui gisait éteint depuis lors au fond de chaque être humain. La conversion n'est pas une amélioration de l'être. C'est une résurrection.

C'est le Gouverneur Lui-même qui souffle sur cet esprit mort et le ramène à la vie. Ce n'est pas sans rappeler le souffle de Genèse 2, ni la vision d'Ézéchiel sur les ossements desséchés : la même Ruach, le même Souffle divin, rétablit ce qui était brisé. La bonne fréquence est restaurée. Le récepteur humain recommence à capter la voix de Dieu. Chaque conversion est une Pentecôte personnelle.

« À tous ceux qui l'ont reçue, à ceux qui croient en son nom, elle a donné le pouvoir de devenir enfants de Dieu, lesquels sont nés,

non du sang, ni de la volonté de la chair, ni de la volonté de l'homme, mais de Dieu. » **(Jn 1 :12-13).** Ce n'est pas une naissance biologique. Ce n'est pas une décision humaine. C'est une recréation divine. Et le Gouverneur en est l'artisan : c'est Lui qui allume cette flamme dans les profondeurs de votre être, Lui qui rétablit la fréquence brisée depuis la Chute, Lui qui fait de vous, pour la première fois depuis Éden, un être vraiment vivant.

La période de transition des premiers disciples

Les premiers disciples ont vécu cette distinction dans leur propre chair, au cours des cinquante jours les plus instructifs de l'histoire sainte. Au soir de la Résurrection, Jésus souffle sur eux en déclarant : *« Recevez le Saint-Esprit* » **(Jn 20 :22).** De nombreux théologiens y voient l'instant précis de leur Nouvelle Naissance. Le courant est rétabli ; ils passent de la mort à la vie ; ils sont régénérés.

Bien qu'ils aient déjà reçu l'Esprit pour leur salut, ils doivent attendre cinquante jours supplémentaires. Pourquoi ? Parce qu'avoir la vie de **l'Esprit en nous** est une chose, et recevoir le revêtement pour la mission, **l'Esprit sur nous** en est une autre.

La manifestation des langues et les dons du Royaume

Les disciples « se mirent à parler en d'autres langues, selon que l'Esprit leur donnait de s'exprimer » **(Ac 2 :4).** Ce signe manifeste que le Gouverneur prend le contrôle du membre le plus difficile à dompter : la langue. Jacques rappelle que « nul homme ne peut dompter la langue » **(Jc 3 :8),** mais ce que l'homme ne peut accomplir, l'Esprit le réalise. Quand l'Esprit maîtrise notre parole, Il maîtrise toute notre personne.

Il convient cependant de lever une confusion fréquente : le parler en langues est-il la preuve exclusive de la réception de l'Esprit ? Le protocole du Royaume nous invite à distinguer trois niveaux.

Le sceau de propriété : universel et immédiat. Tout croyant qui se tourne vers le Roi dans la repentance et la foi est immédiatement scellé par le Saint-Esprit **(Ép 1 :13).** Paul affirme : *« Si quelqu'un n'a pas l'Esprit de Christ, il ne lui appartient pas* » **(Rm 8 :9).** Ce sceau dépend de la foi authentique, non d'une manifestation vocale particulière.

La diversité des fonctions : souveraine et stratégique. Le Gouverneur distribue les dons selon les besoins de la mission et Sa propre souveraineté. Paul demande : « *Tous parlent-ils en langues ?* » **(1 Co 12 :30),** laissant entendre que non. L'absence de ce don ne signifie nullement l'absence du Gouverneur.

Le langage suprême : le fruit de l'Esprit. Les outils les plus brillants ne valent rien dans des mains qui ne ressemblent pas au Roi. Ce qu'Il est venu faire en nous, de l'intérieur, silencieusement, dure toute une vie : changer le sol même du cœur pour que le caractère du Roi y pousse naturellement. « *À leurs fruits vous les connaîtrez* » **(Mt 7 :16).** Ce critère, non les signes spectaculaires, mais les signes intérieurs, est celui sur lequel le monde nous juge et sur lequel le Roi nous évaluera.

Lorsqu'un roi sage veut établir une relation avec une nation méfiante, il n'envoie pas d'abord ses armées, mais ses présents. À la Pentecôte, le Saint-Esprit distribue ces présents : guérisons, miracles, langues, prophéties, discernement. Ces dons sont comme des traducteurs du Royaume ; ils déclarent silencieusement mais puissamment : « *Je ne viens pas pour vous asservir, mais pour vous enrichir.* ». Comme pour le boiteux guéri par Pierre, personne ne peut nier l'évidence **(Ac 4 :16)** : les présents du Gouverneur désarment la résistance et ouvrent les cœurs à la vérité.

Le sceau et l'acompte : la garantie du Royaume

Dès la conversion, le Saint-Esprit est donné comme possession permanente. Paul utilise deux images fortes.

Le sceau (sphragis) : Dans l'Antiquité, le sceau servait à sécuriser un contenu, à en garantir l'authenticité et à marquer la propriété. En recevant l'Esprit, vous êtes marqué de l'empreinte divine. Vous appartenez à Dieu de façon inaliénable ; Son sceau sur votre vie est la preuve que vous êtes Sa propriété exclusive et protégée.

Les arrhes (arrabon) : Paul décrit l'Esprit comme un « *gage de notre héritage* » **(Ép 1 :14).** Dans le commerce antique, l'arrabon était bien plus qu'une simple caution ; c'était un échantillon de la marchandise, un premier versement de même nature que le paiement final. Cela signifie que votre expérience du Saint-Esprit aujourd'hui n'est pas un simple symbole du ciel : c'est une portion de la réalité future du Royaume injectée dans votre présent. Chaque prière exaucée, chaque guérison, chaque paix surnaturelle est une pièce de monnaie céleste, une preuve que le Roi reviendra achever la transaction finale. Si les arrhes sont déjà si glorieuses, qu'en sera-t-il du plein paiement ?

L'ambassade du Royaume : retrouver la version originelle

À la Pentecôte, cette réalité individuelle prend une dimension glorieuse et collective. Le Saint-Esprit établit Son quartier général dans le corps des croyants, faisant de chaque fidèle un temple vivant et mobile. L'installation est complète. Le Gouverneur est en fonction, et Son mandat n'a pas de date d'expiration.

Chaque conversion devient une Pentecôte personnelle. Chaque croyant se transforme en ambassade du Royaume, un avant-poste du ciel planté au cœur de la terre. Nous ne sommes plus des orphelins livrés à nous-mêmes **(Jn 14 :18).** Nous sommes des ambassadeurs dont les lettres de créance ne sont pas un diplôme ni un titre, mais quelque chose d'infiniment plus solide : la présence permanente du Gouverneur en nous. C'est Lui qui nous accrédite. C'est Lui qui répond quand on nous demande : « *Au nom de qui parlez-vous ?* »

Voici ce qu'il faut saisir : la Pentecôte n'est pas une option réservée aux âmes dévotes, c'est une restauration de l'humanité, un retour à la version originelle de l'être humain, celle d'avant la Chute, avant la déconnexion. L'homme rempli de l'Esprit ne reçoit pas un supplément de religion : il retrouve sa vocation première : nommer, gouverner, exercer une autorité légitime sur sa propre vie, ses circonstances, son environnement parce qu'il vibre à nouveau à la fréquence du Créateur. Le péché avait fait sauter les plombs du poste de commandement de la Création.

La Pentecôte est le moment où le Courant revient non seulement pour éclairer la maison, mais pour remettre toutes les machines en marche. Que cette identité révolutionne votre façon de vivre, de parler et de représenter le Roi dans un monde qui attend cette manifestation. « *La création attend avec un ardent désir la manifestation des fils de Dieu.* » **(Rm 8 :19).**

— ✦ —

Conclusion : l'ère du Gouverneur permanent

La Pentecôte n'est pas une date dans un calendrier liturgique. C'est le moment précis où l'Histoire a changé de sens, non pas à Jérusalem, mais dans chaque vie où l'Esprit prend résidence. Ce Jour-là continue. Il recommence à chaque conversion, à chaque genou posé devant le Roi. L'aventure n'a pas commencé il y a deux mille ans : elle commence là où vous posez ce livre et décidez de ne plus être spectateur de votre propre existence.

Mais comment entrer concrètement dans cette mission ? Comment le citoyen du Royaume formalise-t-il son appartenance au Gouverneur nouvellement installé ? Il existe un geste, un seul, qui marque publiquement ce changement d'allégeance, un acte de passage que le Roi Lui-même a inauguré dans les eaux du Jourdain **: le baptême**.

De la Genèse à la Pentecôte, nous avons suivi le fil conducteur d'une présence divine qui ne s'est jamais retirée, mais qui s'est progressivement approchée. D'abord visiteur, planant sur les eaux, descendant sur les prophètes et les rois pour des missions précises, l'Esprit attendait l'heure décisive.

Cette heure, c'est la Croix qui l'a rendue possible, et la Pentecôte qui l'a accomplie : désormais, Il ne visite plus, Il habite. Et ce qu'Il vient habiter, c'est la vie concrète du croyant. C'est ce que la Partie III nous révèle.

PARTIE III : ENTRER DANS LE ROYAUME

Comment devenir citoyen et recevoir ses privilèges ?

Chapitre 10 - Le Baptême et la Demande de Naturalisation

Le baptême chrétien n'est ni un simple rite religieux, ni un symbole extérieur dépourvu de réalité spirituelle. Il constitue un acte de passage, un changement d'appartenance, une demande officielle de naturalisation dans le Royaume de Dieu. Mais cette entrée visible repose sur une réalité invisible plus profonde : l'union du croyant à Jésus-Christ.

Comprendre le baptême exige de remonter à son fondement : le baptême de Jésus lui-même, car tout ce que le croyant vit, le Christ l'a d'abord inauguré.

Le baptême de Jésus : une énigme théologique fondatrice

Au seuil de son ministère public, Jésus se rend sur les rives du Jourdain pour recevoir le baptême de Jean. Ce geste soulève d'emblée une question décisive : pourquoi Celui qui est sans péché se soumet-Il à un baptême de repentance ? Jean lui-même en est troublé : « *C'est moi qui ai besoin d'être baptisé par toi, et c'est toi qui viens à moi !* » **(Mt 3 :14).** La réponse de Jésus : « *il est convenable que nous accomplissions ainsi toute justice* ». Elle porte un sens plus profond, que nous avons déjà traversé au chapitre 7 : Jésus réunit en sa personne deux lignées que l'histoire n'avait jamais pu unir, la royauté et le sacerdoce. Au Jourdain, cette double identité reçoit sa consécration publique. Jean n'ouvre pas un nouveau chapitre ; il ferme la prophétie. Car Jean-Baptiste, fils de sacrificateur, détient l'autorité lévitique pour accomplir cette consécration. Seuls les prêtres avaient le pouvoir d'oindre et de sanctifier pour le service divin. Il accomplit sur Jésus les trois conditions de la consécration sacerdotale : l'âge requis, la purification par l'eau, et l'onction de l'Esprit. Son sacerdoce n'est pas celui d'Aaron, c'est celui de Melchisédek, céleste et éternel, et c'est précisément ce sacerdoce-là qui est inauguré au Jourdain. Mais pour saisir la portée de ce geste, il faut comprendre ce que Melchisédek représente face à Lévi, non pas une amélioration du système, mais son accomplissement et sa fin.

Le sacerdoce de Lévi n'était d'ailleurs pas le modèle dont Melchisédek aurait été la copie améliorée. C'est Lévi qui était l'ombre, et Melchisédek la réalité anticipée. Quand Jean-Baptiste, fils de prêtre, pose les mains sur Jésus dans le Jourdain, c'est l'ombre qui consacre la Lumière accomplissant ainsi, dans un seul geste, tout ce vers quoi elle pointait depuis le Sinaï. Par cet acte unissant l'eau, la légitimité lévitique et l'onction de l'Esprit, toute la justice de Dieu se trouve pleinement accomplie.

Les raisons profondes du baptême du Christ

Bien qu'Il soit sans péché, Jésus choisit de se tenir au milieu des pécheurs. En entrant dans l'eau, Il ne se place pas au-dessus de l'humanité, mais avec elle. Il assume la condition humaine et accepte par avance de porter nos fautes. Contemplez cette humilité : le Fils de Dieu fait la queue parmi ceux qui confessent leurs péchés, alors qu'Il n'a rien à confesser.

Le baptême marque aussi le passage de la vie cachée à la vie publique. Lorsque Jésus sort de l'eau, les cieux s'ouvrent. Le Père proclame : *« Celui-ci est mon Fils bien-aimé »*, le Fils s'identifie à Sa mission, l'Esprit descend comme une colombe. Et c'est ici que la figure de Melchisédek révèle toute sa profondeur prophétique. Son nom porte en lui deux mots hébreux : melki, le roi, et *tsédek*, la justice. Il est roi de Salem (*shalom)* : la paix. Roi de justice et roi de paix : voilà les deux titres que Melchisédek portait, et voilà précisément ce que Jésus vient accomplir en Son sacrifice. Mais ce qui frappe encore davantage, c'est la nature de son offrande. Melchisédek ne sacrifie pas d'animal. Il apporte du pain et du **vin (Gn 14 :18).** Des siècles avant le Sinaï, avant l'autel, avant le sang des taureaux et des boucs, un prêtre se tient devant Abraham et lui offre ce que Jésus offrira à Ses disciples lors du dernier Séder : le pain rompu et la coupe versée. Ce n'est pas une coïncidence, c'est la même liturgie, séparée par deux millénaires, célébrée par le même Prêtre éternel.

Au Jourdain, ce sacerdoce est inauguré dans la chair. À la Cène, il est anticipé dans le sang partagé. À la croix, il est accompli, une fois pour toutes. Et par ce sacrifice unique, Jésus offre à l'humanité ce que ni la Loi ni aucun roi terrestre ne pouvait donner : une justice parfaite devant Dieu et une paix éternelle avec Lui, le tsédek et le shalom de Melchisédek, réalisés une fois pour toutes.

Le modèle prophétique : l'eau, le jugement et le salut

Pour saisir la portée du baptême, il faut réaliser qu'il est l'aboutissement d'une pédagogie divine qui traverse l'histoire. Dieu nous enseigne par des images répétées, des schémas qui s'approfondissent au fil des siècles. Le schéma est constant : l'eau donne la vie aux uns en donnant la mort aux autres.

Le Déluge : la purification par la mort du mal

Sous Noé, Dieu purifie la terre corrompue. L'eau est un jugement qui engloutit un monde en rébellion. Seules huit personnes sont sauvées parce qu'elles ont trouvé refuge dans l'Arche, préfiguration du Christ. L'eau tue le monde ancien pour laisser place à une terre renouvelée. Pierre lui-même établit ce lien *« Cette eau était une figure du baptême »* **(1 Pi 3 :20-21)**.

L'Exode : la mort de l'oppresseur

Coincés entre la mer Rouge et l'armée de Pharaon, les Hébreux vivent un miracle : la mer s'ouvre. Imaginez leur terreur, puis leur émerveillement. Pour qu'Israël devienne une nation libre, son ancien maître doit disparaître. La mer se referme sur Pharaon et ses chars. La mort des ennemis est la condition de la survie des rachetés. *« Tous ont été baptisés en Moïse dans la nuée et dans la mer »* **(1 Co 10 :2)**.

Dans le baptême, ce schéma se répète : pour que le citoyen du Royaume naisse, l'esclave du péché, le vieil homme, doit être noyé. L'histoire de Dieu avec son peuple nous prépare à comprendre ce que signifie mourir pour vivre.

Plongé dans les eaux : mourir avec Christ

L'immersion est une mise au tombeau. Lorsque le corps est recouvert, le souffle est coupé, la lumière disparaît. Ce moment reproduit corporellement la mort. Pour comprendre la gravité de ce passage, il faut voir l'eau comme le lieu du jugement.

On m'a conté l'histoire d'une femme en Chine, à l'époque de la persécution des chrétiens. Elle cherchait à fuir le régime avec sa famille. Tout était calculé : ils devaient rejoindre, de nuit, un bateau qui les attendait au large. Mais des gardes armés surveillaient les côtes, prêts à abattre quiconque tenterait de s'échapper.

Ils attendirent une nuit de nouvelle lune, une nuit d'obscurité totale, pour mettre à l'eau une barque cachée sur la plage. Au moment favorable, ils trompèrent la vigilance des gardes et s'éloignèrent du rivage. Les rames fendaient l'eau dans un silence tendu. Chaque mètre gagné était un mètre de plus vers la liberté. Tout se déroulait selon leur plan, jusqu'à ce que le bébé de cette femme, secoué par la marée, se mette à pleurer.

Ses compagnons, terrifiés, la suppliaient de le faire taire. Elle essaya tout : elle le berça, le pressa contre son cœur, étouffa ses cris contre sa poitrine mais l'enfant criait de plus belle, attirant l'attention des gardes qui cherchaient déjà l'origine de ces pleurs. On entendait leurs voix se rapprocher sur la rive, leurs lampes balayer les flots.

Face à l'imminence du danger, comprenant qu'elle mettait la vie de tout le groupe en péril, elle prit la décision la plus déchirante de son existence. Elle passa son enfant par-dessus bord et le livra aux eaux profondes.

Cette femme a fini par émigrer au Canada. On raconte que chaque jour, elle se rendait sur le port pour regarder au loin. Elle confiait que le plus insoutenable restait le regard de désespoir de son enfant et, résonnant encore dans sa mémoire, le bruit de l'eau s'engouffrant dans ses petits poumons.

Cette histoire nous bouleverse parce qu'elle touche à l'impensable : le sacrifice de l'innocent pour sauver les autres. Une mère qui doit choisir entre son enfant et la vie de plusieurs. Un geste qui la hantera jusqu'à son dernier souffle.

Mais il y a une différence essentielle, radicale même, entre ce sacrifice terrible et celui du Père. Cette mère agissait sous la contrainte désespérée d'une situation où toutes les issues étaient tragiques. Elle n'avait pas le choix. Les circonstances l'ont poussée à l'impensable.

Le Père, Lui, a choisi librement, par amour pur, de laisser Son Fils être emporté par les eaux du jugement. Nulle nécessité extérieure ne L'y obligeait. Nulle contrainte ne Lui forçait la main. Il aurait pu tout arrêter d'un mot. C'est l'amour seul, cet amour dont nous ne sonderons jamais les profondeurs, qui a conduit Dieu à cette décision.

Mais voici le mystère encore plus grand : le Fils aussi a choisi. *« Personne ne m'ôte la vie, mais je la donne de moi-même »* **(Jn 10 :18)**. Jésus s'est volontairement laissé submerger par les eaux du jugement qui nous étaient destinées. Il a bu la coupe jusqu'à la lie. Il s'est enfoncé dans les profondeurs à notre place.

Le baptême met en scène cette substitution : le croyant meurt réellement avec Christ. Paul l'affirme sans ambiguïté : *« J'ai été crucifié avec Christ »* **(Ga 2 :20)**. L'eau devient le tombeau de l'ancienne citoyenneté. Ce qui descend dans l'eau n'est pas destiné à remonter : c'est la vieille nature, l'identité façonnée par le péché, le *« moi »* qui vivait sous la tyrannie de l'ancien maître.

Sortir des eaux : ressusciter avec Christ

L'immersion n'est pas la fin. Lorsque le croyant sort de l'eau, il respire de nouveau. Ce premier souffle, profond, libérateur, symbolise le souffle nouveau donné par l'Esprit. Ce n'est pas simplement un retour à la vie ancienne : c'est une naissance. *« Nous avons été ensevelis avec lui par le baptême en sa mort, afin que, comme Christ est ressuscité des morts par la gloire du Père, de même nous aussi nous marchions en nouveauté de vie »* **(Rm 6 :4)**.

Remarquez ce mot : nouveauté. Ce n'est pas une vie améliorée, réformée ou réparée. C'est une vie qualitativement différente, portée par une autre source, animée par un autre souffle. Ce n'est plus seulement l'air qui entre dans les poumons, c'est le Souffle de Dieu qui vient habiter l'homme tout entier.

Cette sortie des eaux répète le matin de Pâques. Comme Christ a brisé les liens de la mort, le croyant émerge, libéré des chaînes qui le retenaient captif. Il respire l'air du Royaume, il voit avec des yeux neufs, il entend avec des oreilles ouvertes.

Il y a dans ce mystère une réciprocité bouleversante que l'Écriture nomme identification. À la croix, c'est Christ qui s'identifie à nous : Il endosse notre condition de pécheurs, porte notre châtiment, descend jusqu'au tombeau qui était le nôtre. *« Celui qui n'a pas connu le péché, il l'a fait devenir péché pour nous »* **(2 Co 5 :21)**. Au baptême, l'identification s'inverse : c'est à notre tour de nous identifier à Christ ressuscité. Nous sortons de nos tombeaux. Non pas comme Lazare, qui revint à la vie ancienne pour mourir encore, mais comme le Christ Lui-même, transfigurés, porteurs d'une vie qui ne finit plus. L'eau du baptême n'est pas un simple rite de passage ; elle est la scène où s'accomplit, dans le temps et dans le corps, ce que la croix a rendu possible dans l'éternité.

Le feu intérieur : mourir sans être consumé

« Moi, je vous baptise d'eau ; mais il vient, celui qui est plus puissant que moi... Lui, il vous baptisera du Saint-Esprit et de feu. » **(Lc 3 :16)**. Sur la croix, Jésus est consumé par le jugement et l'amour, mais Il n'est pas détruit. Comme le buisson ardent que Moïse contemplait au désert, Il brûle sans se consumer. Le feu du jugement divin et le feu de l'amour divin se rencontrent en Lui, et Il traverse les deux sans être anéanti.

Le baptême de feu accomplit dans le croyant ce que l'eau a inauguré : une purification qui ne détruit pas la vie, mais la libère. Ce feu consume l'orgueil, brûle les scories de l'égoïsme, purifie les motivations troubles. Loin d'éteindre la vie, il devient une énergie permanente, une flamme intérieure qui ne s'éteint plus.

L'eau manifeste la mort visible, le feu accomplit la transformation invisible. L'une engloutit le vieil homme, l'autre forge le nouvel homme. Ensemble, elles accomplissent l'œuvre complète de la régénération.

Le changement de juridiction : de la loi au régime de la grâce

La naturalisation implique un changement radical de régime légal. Imaginez un réfugié qui obtient enfin sa naturalisation : il ne dépend plus des lois de son ancien pays, il est désormais sous la protection et les lois de sa nouvelle patrie.

En sortant des eaux, le croyant change de juridiction. Sous l'ancien régime, chaque faute entraînait une dette ; l'accusateur brandissait la loi pour nous assigner devant le tribunal du jugement.

Désormais, nous passons sous la *« loi de l'Esprit de vie »* **(Rm 8 :2)** : l'obéissance ne naît plus de la peur du châtiment, mais de l'amour versé dans nos cœurs. Et voici la merveille : le péché ne peut plus nous assigner devant les tribunaux de notre passé, car le *« coupable » est* mort dans les eaux du baptême. L'accusateur peut bien brandir ses dossiers, ils concernent quelqu'un qui n'existe plus. *« Il n'y a donc maintenant aucune condamnation pour ceux qui sont en Jésus-Christ »* **(Rm 8 :1)**.

Vous n'êtes plus un criminel en liberté conditionnelle. Vous êtes un citoyen pleinement réhabilité, adopté dans la famille royale, portant le nom du Roi Lui-même.

Un seul baptême, une conscience éveillée

« Il y a un seul corps et un seul Esprit… un seul Seigneur, une seule foi, un seul baptême, un seul Dieu et Père de tous » **(Ép 4 :4-6)**. Un seul baptême. Cette affirmation est l'une des rares sur lesquelles toutes les traditions chrétiennes s'accordent et pourtant, derrière cette unité apparente, les perceptions divergent radicalement. Certains ont reçu ce rite dans les bras de leurs parents, avant même d'avoir conscience de ce qui se passait. D'autres l'ont choisi délibérément, comme l'acte le plus décisif de leur vie. Ces désaccords traversent le corps du Christ depuis des siècles. Devons-nous trancher ce débat ici ? Non. Ce qui nous intéresse est plus fondamental : **le baptême appelle une adhésion vivante.**

- Du choix à la coutume : une brève histoire

Dans les premiers temps de l'Église, le baptême était celui d'adultes convertis, une immersion qui marquait un passage radical, une mort et une résurrection vécues dans le corps. Le glissement vers le baptême des nourrissons s'est opéré progressivement, en partie par analogie avec la circoncision de l'Ancienne Alliance : dans la tradition biblique, le signe de l'appartenance à Dieu était posé sur l'enfant dès le huitième jour, par la circoncision *(Brit Milah)*, avant qu'il puisse comprendre quoi que ce soit. C'était l'acte souverain du Roi revendiquant une vie. L'Église a hérité de cette pédagogie divine et l'a transposée dans le baptême des nourrissons, un sceau posé par la grâce, avant toute réponse humaine possible.

Pour compenser cette absence de choix initial, des rites de passage ont été instaurés : la Confirmation, la Profession de foi, moments où l'héritier est invité à reconnaître consciemment ce qui a été fait pour lui. Comme dans la tradition hébraïque, où le jeune devenait *« fils du commandement »* par la **Bar-Mitsva**, marquant le passage à l'âge de la responsabilité personnelle et donc de l'adhésion consciente.

- Le vrai danger : le rite sans le sens

Ce qu'il faut nommer ici, sans accuser personne, c'est une tentation commune aux deux traditions, sous des formes différentes.

D'un côté, le baptême reçu dans l'enfance peut, au fil des générations, se réduire à un rite de passage social, une fête de famille, une case cochée, sans que le sens n'en ait jamais été transmis ni saisi. Le sceau a été posé, mais la signature n'est jamais venue.

De l'autre, le baptême choisi à l'âge adulte peut lui aussi, dans certains milieux, devenir une ligne d'arrivée plutôt qu'un point de départ, un acte accompli plutôt qu'une vie engagée. L'intention était sincère ; la suite, moins habitée.

Dans les deux cas, c'est le même glissement : le rite a eu lieu, mais la réalité qu'il désigne n'a pas pris corps dans une vie transformée.

- La question décisive

C'est pourquoi la question la plus importante n'est pas *« comment ai-je été baptisé ? »*, mais *« est-ce que je vis ce que mon baptême signifie ? »*

L'eau ne sauve pas par elle-même. Le moment où elle a été versée, dans l'enfance ou à l'âge adulte, ne détermine pas à lui seul la réalité de l'union au Christ. Ce qui compte, c'est que ce rite soit habité : compris, approprié, vécu.

Le sceau est posé, c'est l'acte du Roi. Mais le passeport n'est activé que par votre signature, c'est votre foi.

Si vous avez été baptisé enfant, une grâce vous a précédé, Dieu a posé Sa revendication sur votre vie avant même que vous puissiez la formuler. Ce don attend votre réponse. Non pas un second baptême, mais un oui conscient à ce qui a été fait pour vous.

Si vous n'avez jamais été baptisé, le temps est peut-être venu de franchir ce passage, non comme une formalité, mais comme l'expression visible d'une décision déjà prise dans le cœur.

Dans les deux cas, ce livre s'adresse à ceux qui veulent comprendre ce qu'ils vivent. Car un rite compris peut enfin être vécu pleinement et une vie marquée par le baptême ne ressemble à aucune autre. Un seul Dieu vous a choisis. Un seul baptême vous a marqués. Une seule foi vous anime. Ne laissez pas les divergences rituelles obscurcir l'unité profonde de votre appartenance au Royaume.

— ✦ —

Conclusion : le portail de la vie dans l'esprit

Le baptême n'est ni une fin, ni un simple rite. C'est le point de jonction entre la croix et la vie quotidienne, entre l'œuvre achevée du Christ et votre histoire personnelle. C'est le moment où l'histoire du salut devient votre histoire.

Comme Noé est sorti de l'arche vers un monde renouvelé, comme Israël a traversé la mer vers la liberté, le croyant baptisé sort des eaux comme un citoyen naturalisé. Il n'est plus un étranger en visite, ni un résident temporaire attendant ses papiers. Il est chez lui dans le Royaume.

Il porte le nom du Roi, il est habité par l'Esprit, et l'ancien maître a été englouti dans les profondeurs. Les chaînes ont coulé au fond de la mer. La dette a été clouée à la croix. L'acte d'accusation a été déchiré.

Devant vous s'ouvre la vie dans l'Esprit, non pas une vie facile, mais une vie libre. Non pas une vie sans combats, mais une vie avec la victoire assurée. Non pas une vie sans épreuves, mais une vie où vous ne marchez plus seul.

Le baptême : immersion ou aspersion, deux traditions, une même grâce

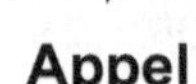

Appel

Si ce message a fait vibrer en vous la soif de cette citoyenneté, ne restez pas un résident temporaire. La naturalisation est un don, mais le baptême est votre *« oui »* public, votre engagement solennel, votre passage officiel de l'ombre à la lumière. Que vous ayez été baptisé enfant ou que vous attendiez encore ce passage, l'appel reste identique : vivez en pleine clarté ce que la grâce a déjà accompli. Appropriez-vous votre baptême comme l'acte fondateur de votre identité de citoyen du Royaume.

Peut-être hésitez-vous encore, retenu par la peur du regard des autres, par le sentiment de ne pas être *« assez bon »*, ou par l'impression que l'engagement est trop grand. Écoutez ces mots une dernière fois : vous n'entrerez jamais dans l'eau en étant *« assez bon »*. C'est précisément parce que vous ne l'êtes pas que vous devez y descendre. Le baptême n'est pas le diplôme des spirituellement accomplis, c'est l'inscription des spirituellement assoiffés.

Faites le pas aujourd'hui : passez de l'ombre de l'attente à la pleine lumière de votre identité en Christ. Les eaux vous attendent. Le Roi vous appelle par votre nom. Et de l'autre côté, vous respirerez enfin l'air du Royaume. Naître, c'est entrer dans une famille. Franchir les eaux du baptême, c'est obtenir une citoyenneté mais c'est aussi recevoir un Nom, un Père, et un Esprit qui fait résonner au plus profond de vous une vérité parfois difficile à saisir : vous n'êtes plus un étranger, ni un serviteur.

Vous êtes un fils. Vous êtes une fille.

Chapitre 11 - L'Esprit d'Adoption

De l'Esclavage à la Filiation, du service à la royauté

Naître, c'est entrer dans une famille. En franchissant les eaux du baptême, nous avons reçu une citoyenneté, mais aussi quelque chose de bien plus intime : un Père, un Nom, et un Esprit qui crie, du fond du cœur, une vérité que nous avons souvent du mal à croire. Nous ne sommes plus des étrangers. Nous ne sommes plus des serviteurs. Nous sommes fils et filles du Roi.

Et pourtant, combien de croyants continuent de vivre en esclaves dans la maison de leur Père ? Comprendre l'Esprit d'Adoption, c'est saisir pourquoi cette réalité change absolument tout.

L'Adoption : le Code Royal de Dieu

L'analyse de l'histoire biblique révèle un schéma divin frappant : l'adoption est presque toujours le prélude à l'exercice d'une autorité souveraine. Elle est le pont que Dieu jette entre la misère de la servitude et l'éclat du palais.

Moïse en est la première illustration. En tant que fils d'esclave, il était condamné par décret. Son adoption par la fille de Pharaon ne lui sauve pas seulement la vie ; elle le propulse au sein d'une éducation princière, lui donnant les codes du palais. Dieu utilisera ce transfert de statut pour faire de lui le seul homme capable de se tenir face à Pharaon et d'exiger la liberté d'un peuple entier. Sans l'adoption, il n'y aurait pas de libérateur.

Le parcours de Joseph illustre comment la grâce réécrit les règles de l'héritage : en adoptant Éphraïm et Manassé, Jacob court-circuite la généalogie naturelle pour accorder à son fils la double portion dévolue à l'aîné. Esther, orpheline et exilée, adoptée par Mardochée, reçoit l'identité et la couverture nécessaires pour accomplir sa destinée royale. Mais c'est avec Jésus que ce schéma atteint sa plénitude. En tant que Fils éternel de Dieu, Il possède la royauté céleste de toute éternité. Mais pour posséder la royauté terrestre, celle de la lignée de David, il Lui fallait une insertion légale dans l'histoire humaine. En adoptant l'Enfant et en Lui donnant Son nom, Joseph transfère à Jésus son héritage dynastique. Le Sauveur du monde est entré dans Sa destinée royale terrestre par un acte d'adoption humaine. Ce que Dieu avait répété dans l'histoire comme un prélude, Il l'accomplit ici dans sa forme définitive.

Ce que Dieu a orchestré pour ces figures bibliques, Il l'accomplit aujourd'hui pour vous. L'apôtre Paul nomme ce mystère *huiothesia* : le placement légal en tant que fils. Dans le monde romain, un fils adopté recevait tous les droits d'un fils biologique et ses dettes passées étaient légalement annulées. Paul utilise cette image pour faire le lien entre Dieu et les croyants. Ce lien choisi par Dieu est tout aussi puissant que le lien du sang : il efface votre passé et vous établit cohéritier d'un Royaume éternel.

L'Histoire d'Adonis : Quand un Maître Devient Père

Dans une ancienne cité portuaire vivait un riche marchand nommé Valérius. Malgré ses richesses, son cœur était lourd : il n'avait pas d'enfant. Sans héritier pour perpétuer son nom, il craignait de voir l'œuvre de sa vie s'évanouir et ses biens se perdre après sa mort. Un soir, il convoqua son plus fidèle serviteur, Adonis. Le jeune homme travaillait sans relâche, mais son zèle n'était dicté que par la peur de la faute.

Valérius lui posa une question simple :

— *Adonis, pourquoi travailles-tu si dur ?*

— *Pour être digne de ta maison, Seigneur, et pour que tu ne trouves aucun défaut en moi, répondit-il sans lever les yeux.*

Valérius posa sa main sur l'épaule du serviteur, un geste interdit par le protocole et dit avec tendresse :

— *Tu m'as servi avec une fidélité irréprochable, mais ton cœur est celui d'un esclave. Tu surveilles tes pas de peur de tomber. Moi, je ne cherche pas un serviteur parfait. Je cherche un héritier.*

Le lendemain, devant les magistrats de la ville, Valérius déchira le contrat de servitude et signa un acte d'adoption. Le soir même, par réflexe, Adonis se dirigea vers les quartiers des serviteurs. Valérius l'arrêta :

— Non, mon fils. Ta place n'est plus là-bas. Ce que je possède n'est plus ton outil de travail, c'est ton héritage.

Adonis comprit alors que tout ce qu'il avait essayé de gagner par sa sueur lui était offert gratuitement par amour. Il n'était plus défini par ce qu'il faisait, mais par qui il était devenu : le fils de Valérius.

Deux Chemins, Une Même Réponse du Père

Adonis n'avait jamais connu la filiation. Mais il existe une blessure encore plus profonde : celle de l'avoir connue, puis perdue.

C'est l'histoire que Jésus raconte dans Luc 15. Un fils se lève un matin et dit à son père : *« Donne-moi la part de bien qui doit me revenir. »* Réclamer son héritage du vivant de son père, c'est lui signifier symboliquement : tu es mort pour moi. Le père cède. Le fils part. Il dilapide tout l'argent, la dignité, l'identité. Il tombe si bas qu'il finit à nourrir des porcs, lui, un fils d'Israël, et il envie leur nourriture.

C'est là, dans cette misère absolue, qu'il revient à lui-même. Et ce qu'il décide alors est révélateur. *« Je me lèverai, et j'irai vers mon père, et je lui dirai : Père, j'ai péché contre le ciel et contre toi, je ne suis plus digne d'être appelé ton fils ; traite-moi comme l'un de tes serviteurs. »* **(Lc 15 :18-19).**

Il avait tellement intériorisé son échec qu'il avait rétrogradé ses propres aspirations en dessous de sa nature réelle. Il ne se voyait plus qu'en salarié à reconquérir, là où son père voyait encore un fils à restaurer.

Mais pendant qu'il était encore loin, son Père courut à sa rencontre. Il n'avait rien préparé de nouveau : il lui restituait ce qui était déjà le sien. La robe de cérémonie, l'anneau, signe d'autorité familiale, les sandales aux pieds : trois gestes qui disaient une seule vérité. Tu n'es pas un employé. Tu n'as jamais cessé d'être mon fils. Adonis et le fils prodigue ont pris deux chemins opposés. La réponse du Père est identique dans les deux cas. On ne souligne jamais assez l'amour infini et incommensurable du Père. Ce que vous cherchez à mériter, Il vous l'offre gratuitement. Ce que vous espériez regagner un jour, Il vous le restitue avant même que vous ayez fini votre discours.

« Le voile déchiré, le Père qui enlace »

Non un juge courroucé, mais un Dieu d'amour qui court à notre rencontre. C'est le sacrifice du Christ — voile déchiré — qui ouvre la porte de l'adoption.

Luc 15, 20 · Hébreux 10, 19-20 · Romains 8, 15

Le Paradoxe qui Devrait Nous Bouleverser : Le Rejet à la Croix

Comment le Père a-t-Il pu courir ainsi vers nous sans que Sa justice ne freine Son amour ? La réponse est la croix.

Ce rejet définitif que nous méritions, Jésus l'a pris sur Lui. Pour que le Père puisse ouvrir Ses bras vers nous, le Fils éternel a dû accepter de les sentir se fermer sur Lui : *« Mon Dieu, mon Dieu, pourquoi m'as-tu abandonné ? »* **(Mt 27 :46).**

Ce cri n'est pas une question théologique, c'est le prix exact de notre adoption. La croix n'est pas seulement l'endroit où nos péchés ont été pardonnés. C'est l'endroit où notre identité a été échangée. Il est devenu le fils abandonné **pour** que nous devenions les enfants bien-aimés. Il a porté notre orphelinage pour que nous portions Sa filiation. L'adoption divine n'est pas un acte de charité sentimental : elle a un prix. Et ce prix a été payé en entier, une fois pour toutes.

Serviteur ou Fils : La Différence Fondamentale

« Car vous n'avez point reçu un esprit de servitude pour être encore dans la crainte ; mais vous avez reçu un Esprit d'adoption, par lequel nous crions : Abba ! Père ! » **(Rm 8 :15).**

Le serviteur reçoit des missions temporaires et agit par crainte de la faute. Le fils reçoit un héritage permanent et agit par amour. Il demeure toujours dans la maison **(Jn 8 :35)**, non parce qu'il performe, mais parce qu'il appartient.

Jésus a prononcé une parole qui devrait nous couper le souffle : *« Parmi ceux qui sont nés de femmes, il n'en a point paru de plus grand que Jean-Baptiste. Cependant, le plus petit dans le royaume des cieux est plus grand que lui. »* **(Mt 11 :11)** Jean-Baptiste était le plus grand des serviteurs à la porte du Palais. Vous, vous êtes le plus petit des enfants à l'intérieur. La différence n'est pas une question de talent ni de sainteté, mais de nature et de proximité.

Les héros de l'Ancien Testament vivaient sous ce régime du serviteur : Samson avait la puissance sur lui, mais ses désirs n'étaient pas transformés. David craignait que l'Esprit ne lui soit retiré. Moïse devait monter sur une montagne pour parler à Dieu. Mais vous ? Le plus petit d'entre vous possède ce que ces géants n'avaient pas : l'Esprit de Dieu demeurant éternellement en vous. Vous n'avez pas besoin de monter sur une montagne, car vous êtes devenus Sa demeure.

La Transfiguration : La Gloire Intérieure Manifestée

L'Incarnation, c'est le Verbe de Dieu qui se fait homme pour épouser notre fragilité. La Transfiguration, c'est l'inverse : c'est notre humanité qui se laisse traverser par Dieu pour révéler notre véritable destinée.

Sur le mont Thabor, Jésus lève un instant le voile sur sa divinité, celle qu'Il avait mise de côté en venant parmi nous. Il retire ce « masque » d'homme ordinaire. Ses disciples découvrent alors sa vraie nature : son visage rayonne comme le soleil et ses vêtements deviennent d'une blancheur éclatante. Cette lumière ne tombe pas sur Lui depuis l'extérieur ; elle jaillit de l'intérieur.

Pour comprendre l'importance de cette scène, il faut remonter à la Genèse. La tradition enseigne qu'avant le péché, Adam et Ève étaient enveloppés de « tuniques de lumière » (la Shekhinah). En tombant, ils ont perdu cet éclat. Comme nous l'avons vu au chapitre 6, le Souffle de Dieu (la Ruach) s'est retiré, laissant l'être humain face à sa nudité spirituelle. Le Thabor vient combler ce vide : Jésus prouve que la gloire perdue en Eden peut être retrouvée.

Mais il faut aller plus loin encore. Ce que le croyant reçoit en Christ n'est pas simplement la restauration de l'état adamique. Moïse, au Sinaï, ne faisait que refléter la lumière divine comme un miroir. Adam, lui, portait la Shekhinah sur lui, comme une nuée enveloppante. Le croyant reçoit désormais cette Gloire en lui. Le Saint-Esprit n'est plus une présence intermittente ou extérieure comme dans le Tabernacle ; Il devient une résidence permanente. Ce n'est pas un simple retour à l'Éden : c'est une réalité plus haute qu'Éden. C'est la promesse de ce que l'Esprit d'Adoption accomplit en chaque cœur.

Les Trois Réalités du Fils

Nous avons vu au chapitre 9 comment le Saint-Esprit est le sceau de notre appartenance au Royaume, la *Sphragis*, notre anneau sigillaire royal. Saisissons ici sa dimension filiale : il n'est pas seulement le sceau d'un citoyen, c'est le sceau d'un fils. Et cette filiation ouvre trois réalités concrètes qui transforment chaque journée.

La première est l'accès permanent. Le fils n'a pas besoin de rendez-vous pour entrer chez son Père. Le Gouverneur vous accorde un laissez-passer permanent dans la salle du trône, non pas parce que vous avez bien performé cette semaine, mais parce que vous portez le Nom. Vous n'êtes plus à mendier des miettes à la porte ; vous êtes assis à la table du Roi, et Sa porte ne se ferme pas.

La deuxième est l'identité qui précède la performance. Le serviteur est jugé sur ce qu'il fait ; le fils est aimé pour ce qu'il est. Même quand vous trébuchez, le Saint-Esprit ne murmure pas *tu es renvoyé*, mais *relève-toi, tu es toujours mon fils*. Votre position ne repose pas sur vos exploits ni sur votre régularité en prière. Elle repose sur votre naissance spirituelle et cette naissance est irréversible.

La troisième est le droit à l'héritage. Vous ne travaillez pas *pour obtenir* la bénédiction ; vous travaillez *à partir de* la bénédiction. Tout ce qui appartient au Christ vous appartient désormais par l'Esprit. C'est le sens profond de Romains **(8 :17)** : cohéritiers de

Christ. Non pas des héritiers en attente, mais des héritiers déjà établis, dont le titre de propriété a été signé au Calvaire.

La Robe Retrouvée : les Tria Munera

Cette adoption est une restauration cosmique. En perdant la Ruach, Adam et Ève virent la Shekhinah, ce vêtement de lumière et de gloire, se retirer d'eux. La nudité physique n'était que le reflet d'une nudité spirituelle : le passage de la vie divine à la simple survie biologique. Ce que les disciples ont entrevu sur le Thabor, la gloire jaillissante de l'intérieur d'un corps humain est désormais la réalité invisible, mais active de votre propre être.

Par l'Esprit d'Adoption, nous avons à nouveau revêtu le Christ : *« Vous tous qui avez été baptisés en Christ, vous avez revêtu Christ. »* **(Ga 3 :27)** Ce n'est pas une formalité religieuse. C'est *tria munera* : prêtre, prophète et roi.

Prêtre : non pas au sens du clergé, mais du sacerdoce commun. C'est votre capacité de fils à transformer chaque acte ordinaire, chaque épreuve portée avec foi, en offrande vivante devant Dieu. Vous êtes devenus un pont entre le monde et le divin.

Prophète : non pas pour prédire l'avenir, mais pour parler au nom du Père dans votre présent. Le fils oint discerne la volonté de Dieu dans les événements et en témoigne par ses actes, parfois sans prononcer un seul mot.

Roi : non pas pour dominer, mais pour exercer une maîtrise intérieure. Régner, c'est d'abord se gouverner soi-même. En tant que fils, vous n'êtes plus esclave de vos passions, mais un roi-serviteur qui apporte la justice et la paix du Royaume autour de lui.

Précisons ce que cela signifie concrètement. Régner en Christ, c'est retrouver l'autorité qu'Adam avait perdue à l'Éden non par orgueil, mais par filiation restaurée. Le Gouverneur ne fait pas que nous consoler dans nos faiblesses : Il nous **ré-entraîne** à exercer notre autorité sur la matière, les circonstances et la création, tout comme Dieu le souhaitait au commencement. L'homme adopté dans l'Esprit n'est pas invité à subir passivement le monde qui l'entoure : il est formé à le gouverner selon le cœur du Père. C'est en ce sens que l'adoption n'est pas seulement un statut de tendresse, c'est une investiture royale.

Le rite du baptême en préserve la mémoire vivante : le vêtement blanc remis au nouveau baptisé est le symbole direct de cette parure de gloire que l'Esprit nous restitue en Christ.

— ✦ —

Conclusion : Le Cœur du Père

Cessez de regarder en arrière avec envie vers les héros de l'Ancien Testament. Ils auraient tout donné pour vivre un seul jour dans la réalité qui est la vôtre : être habités par l'Esprit d'Adoption. Vous n'êtes plus un esclave de vos fautes ; vous êtes un prince, une princesse du Royaume de Dieu.

Le plus grand privilège du fils, ce n'est pas de recevoir les biens du Père, mais d'avoir le cœur du Père. Le serviteur obéit pour obtenir une récompense ; le fils obéit parce qu'il est aimé. C'est la clé pour ne jamais se lasser de la vie chrétienne.

Et voici la vérité vertigineuse : le même Esprit qui a ressuscité Christ d'entre les morts habite en vous. On ne combat plus pour la victoire. On combat depuis la victoire. Car c'est précisément parce que nous sommes fils, adoptés au prix du rejet du Fils éternel, que le Gouverneur peut administrer nos vies de l'intérieur. Un temple purifié, une filiation restaurée : le Gouverneur prend alors pleinement ses fonctions. Et cette fois, pour toujours.

Chapitre 12 - L'Œuvre des Fruits

Le Caractère des Citoyens du Royaume

Les chapitres précédents ont posé les fondations : le baptême nous a accordé notre citoyenneté (ch. 10), et l'Esprit d'Adoption nous a révélé notre identité de fils bien-aimés (ch. 11). Mais le Gouverneur n'est pas envoyé seulement pour nous sauver de l'enfer ; Il est envoyé pour nous sauver de nous-mêmes, en nous rendant conformes au caractère du Roi. C'est là qu'intervient la Sanctification cette transformation progressive du caractère que le Gouverneur opère en nous par laquelle le Saint-Esprit nous rend conformes au Roi. Cette transformation commence par les Fruits de l'Esprit, la véritable Constitution du Royaume inscrite dans le cœur du citoyen.

Les Trois Dimensions de l'Œuvre du Gouverneur

Avant d'entrer dans le cœur de ce chapitre, il faut lever une confusion que la langue courante entretient. Le mot *« don »* est utilisé de manière générique pour désigner des réalités profondément différentes. En réalité, l'action du Gouverneur se déploie selon trois dimensions complémentaires, chacune ayant sa nature propre et sa finalité.

Les 7 Dons (Is 11:2) sont des dispositions intérieures et permanentes : Sagesse, Intelligence, Conseil, Force, Science, Piété et Crainte de Dieu. Ils sont pour vous, individuellement : c'est le logiciel de pensée qui vous permet de comprendre et d'intérioriser la volonté du Roi. Ils forment l'homme intérieur.

Les 9 Charismes (1 Co 12) sont des manifestations de puissance accordées pour une mission précise. Ils sont pour l'Église. Ils ne disent rien du caractère de celui qui les reçoit ; ils parlent uniquement de la grâce du Roi envers Son peuple.

Les Fruits (Ga 5 :22-23) sont d'une tout autre nature. Ils ne prouvent pas ce que vous *« faites »*, mais ce que vous *« êtes devenus »*. Ils sont la signature visible d'une transformation intérieure, les preuves vivantes que vous ressemblez désormais au Roi.

Un exemple concret éclaire cette trinité : un citoyen peut posséder le don de Conseil (il discerne la volonté de Dieu), mobiliser le charisme de parole de connaissance (il révèle un secret du cœur pour aider autrui) et porter le fruit de la douceur (il agit avec amour et sans arrogance). Trois dimensions, un seul instant : c'est l'harmonie de l'Esprit à l'œuvre. »

Note historique : *La tradition liturgique retient sept dons, bien que le texte hébreu original d'Isaïe (11 :2) n'en mentionne que six reposant sur le Messie. Le chiffre sept, symbole de plénitude, est apparu lors de la traduction de la Bible en grec par les soixante-douze savants d'Alexandrie, la Septante (LXX). Loin d'être une simple variante, cet ajout (la piété) exprime que la Sagesse divine, en se communiquant au citoyen, déborde jusqu'à sa perfection.*

Ce chapitre se consacre désormais aux Fruits. Les charismes, quant à eux, feront l'objet du chapitre suivant.

Le Principe Agricole : Le Saint-Esprit est l'Irrigation

Pour comprendre ce qu'est le Fruit, il faut d'abord comprendre ce qu'il n'est pas. Le Fruit n'est pas le résultat d'un effort de volonté. On ne devient pas patient par discipline, doux par détermination ou joyeux par conviction. Tout cela relève de la performance humaine ; le Gouverneur, Lui, vise quelque chose de plus profond : la transformation du sol lui-même.

Le Saint-Esprit n'est pas un décorateur qui pose des fruits artificiels sur nos branches. Il est l'irrigation, la sève divine qui change la nature du terrain. La Chair, cette ancienne nature héritée de la chute, est un sol aride. L'Esprit apporte l'eau vive. *« Car la chair a des désirs contraires à ceux de l'Esprit, et l'Esprit en a de contraires à ceux de la chair. »* **(Ga 5 :17).** Ce n'est pas un combat que nous menons ; c'est un climat qui change.

Dans ce processus, le citoyen n'est pas passif pour autant. Il reçoit : le Gouverneur fournit la sève spirituelle, et sans cette irrigation constante, toute plante se dessèche. Mais il cultive aussi : en choisissant de s'exposer au Soleil de Justice par la prière, la méditation de la Parole et l'obéissance, il coopère avec l'action du

Gouverneur. Car le Gouverneur ne viole pas notre volonté. Il attend notre accord pour faire fleurir Son caractère en nous.

L'Établissement du Caractère : Les Fruits du Royaume

Le caractère de Christ est le seul digne du Royaume. Contrairement aux Charismes, ce que nous *« faisons »* pour les autres et aux Dons ce que nous *« recevons »* pour percevoir le Roi, les Fruits désignent ce que nous *« sommes »*. On peut exercer un charisme de guérison sans avoir de patience. On ne peut prétendre être un citoyen mature sans porter de fruit. *« Mais le fruit de l'Esprit, c'est l'amour, la joie, la paix, la patience, la bonté, la bienveillance, la fidélité, la douceur, la maîtrise de soi. La loi n'est pas contre ces choses. »* **(Ga 5 :22-23).**

Ces neuf fruits se déploient selon trois axes : notre relation avec Dieu, notre relation avec les autres, et notre maîtrise de nous-mêmes.

- Relation avec Dieu : L'Alignement du Cœur

L'Amour (agapè) est la nature même de Dieu : non un sentiment passager, mais un choix délibéré de vouloir le bien de l'autre, même au prix de soi-même. La Joie est l'état d'âme du Royaume non le bonheur circonstanciel lié aux événements extérieurs, mais une joie profonde et stable enracinée dans la certitude du salut et la fidélité de Dieu. La Paix est le repos de l'âme, le shalom hébreu, cette plénitude qui transcende les circonstances et témoigne que le Gouverneur a pris le contrôle de nos angoisses. Ces fruits sont intimes ; ils témoignent que notre cœur est aligné sur le Trône.

- Relation avec les Autres : La Diplomatie du Royaume

La Patience est l'endurance face aux provocations et aux injustices, la capacité de supporter les défauts d'autrui sans se venger, à l'image de Dieu qui patiente avec nous. La Bonté est l'action généreuse qui cherche le bien d'autrui, non l'absence de méchanceté, mais une disposition active à faire du bien. La Bienveillance est l'attitude douce et gracieuse envers tous, même envers ceux qui ne la méritent pas : la tendresse du Roi manifestée à travers ses ambassadeurs. Ces fruits sont relationnels ; ils prouvent que le Royaume n'est pas qu'une théologie, mais une réalité qui transforme nos rapports humains.

➢ Relation avec Soi-même : La Discipline Intérieure

La Fidélité est la constance dans l'alliance, la fiabilité de celui qui tient parole même quand c'est difficile, le citoyen fidèle ne trahit ni son Roi ni ses frères. La Douceur est la force contrôlée, la puissance sous autorité : non la faiblesse, mais la discipline d'un cheval de guerre qui obéit au moindre geste de son cavalier. La Maîtrise de soi (*enkrateia*) est la capacité de gouverner ses passions, ses appétits et ses impulsions.

Ce dernier fruit couronne tous les autres. Sans lui, l'amour devient sentimentalisme, la patience devient passivité, et la douceur devient complaisance. La maîtrise de soi est le gouvernail qui dirige chaque fruit vers son but légitime, et qui ferme la porte aux trois grands pièges qui font tomber tant de citoyens du Royaume : l'argent, la popularité et l'impudicité.

Le Portrait du Fruit : Corrie Ten Boom

Les définitions que nous venons de parcourir risquent de rester abstraites si nous ne les voyons pas incarnées. Car les fruits de l'Esprit ne sont pas des vertus théoriques : ils ont un visage, une odeur, une chaleur. Et parfois, ils poussent dans les sols les plus hostiles.

Corrie Ten Boom était horlogère à Haarlem, aux Pays-Bas. Avec sa famille, elle cachait des Juifs derrière un faux mur de sa maison pendant l'Occupation nazie. Dénoncée, elle fut déportée avec sa sœur Betsie au camp de Ravensbrück, l'un des plus meurtriers du IIIe Reich. Là, dans cet environnement de haine pure, de famine et de cruauté systématique, quelque chose d'inexplicable se produisit : les fruits de l'Esprit se mirent à pousser.

Dans leur baraquement infesté de puces, les deux sœurs organisaient chaque soir des études bibliques clandestines. Elles avaient appris à remercier Dieu pour tout même pour les parasites car c'était précisément à cause d'eux que les gardiens refusaient d'entrer, leur laissant un espace de liberté au cœur de l'enfer. La paix qui dépasse toute intelligence n'est pas une formule : c'est une femme qui prie dans l'obscurité d'un camp de concentration. La joie n'est pas un sentiment : c'est Betsie qui, mourante, priait pour ses bourreaux. *« Il n'y a pas de fosse si profonde que l'amour de Dieu ne soit encore plus profond. »*

Betsie mourut à Ravensbrück. Corrie en sortit vivante, mais portant un poids que nulle libération militaire ne pouvait effacer.

Le test ultime vint en 1947, dans une église de Munich. Corrie venait de prêcher sur le pardon. Elle vit alors s'approcher un homme dans la foule. Son sang se figea : c'était l'un des gardiens les plus cruels du camp, celui-là même qui s'était moqué de sa sœur nue et mourante. *L'homme lui tendit la main : « Fräulein, je suis reconnaissant pour votre message. Pensez-vous que Dieu a vraiment jeté mes péchés au fond de la mer ? »*

Corrie se sentit paralysée. Elle reconnaissait la colère, la rancœur, le refus viscéral. Elle savait qu'elle ne pouvait pas pardonner par ses propres forces. Elle fit alors une prière silencieuse, peut-être la plus courte et la plus honnête de sa vie : *« Jésus, aide-moi. »*. Elle tendit sa main mécaniquement.

Et à l'instant où leurs mains se touchèrent, elle raconta avoir ressenti comme un courant traverser son bras, inondant son cœur d'un amour immense pour cet homme qu'elle n'était pas capable d'aimer par elle-même.

Voilà ce que signifie porter du fruit. Ce n'est pas Corrie qui a pardonné : c'est le Gouverneur qui a pardonné à travers elle, au moment précis où elle a renoncé à s'appuyer sur ses propres ressources. Elle n'a pas forcé le sentiment, elle a tendu la main. Le fruit a fait le reste. Elle a passé les trente années suivantes à voyager dans le monde entier pour témoigner de cette vérité : avec l'Esprit Saint, on peut fleurir même dans le désert le plus sombre.

Le Gouverneur ne change pas d'abord les circonstances. Il change la nature du sol.

La Preuve du Gouverneur à l'Œuvre

« C'est à leurs fruits que vous les connaîtrez. » **(Mt 7 :16).** Les vrais citoyens du Royaume ne se reconnaissent pas à leurs discours éloquents, à leurs connaissances théologiques ou à leurs manifestations spectaculaires. C'est précisément là que la distinction

entre Dons, Charismes et Fruits devient décisive : les Dons affinent notre intelligence du Roi, les Charismes rendent notre service puissant, mais les Fruits seuls attestent que nous Lui ressemblons. Un citoyen peut être spectaculaire par ses charismes ; il n'est crédible que par ses fruits.

Un arbre ne produit pas de fruits par effort ou volonté personnelle. Il en produit parce que c'est sa nature. De même, le citoyen habité par le Gouverneur produira naturellement les fruits du Royaume, non par religion ou contrainte, mais par la puissance de la vie divine qui coule en lui.

Mais si le Gouverneur peut être attristé par notre désobéissance **(Ép 4 :30)**, Sa présence reste néanmoins scellée en nous. C'est la tension de la sanctification : non un retrait de l'Esprit, mais un refroidissement de notre communion. Nous approfondirons bientôt cette dynamique lorsque nous examinerons la résistance de la chair.

Porter du fruit est ainsi le résultat de deux mouvements conjugués : se laisser conduire par l'Esprit hors de ses zones de confort, et tenir ferme face à la résistance de la chair. Ce n'est pas une tension à craindre, c'est le signe même que la vie divine est à l'œuvre. Un arbre mort ne résiste pas au vent ; seul l'arbre vivant ploie et se redresse. Le citoyen mûr n'est pas celui qui n'éprouve plus de résistance intérieure ; c'est celui qui a appris à consentir à la direction de l'Esprit même quand sa chair proteste, sachant que chaque victoire consentie est une saison de fruit pour le Royaume.

—✦—

Conclusion : Le Jardin du Roi

Le Royaume de Dieu est un jardin. Le Père est le vigneron **(Jn 15 :1)**, Christ est le cep, et nous sommes les sarments. Le Gouverneur est la sève qui circule du cep vers les branches, produisant les fruits qui glorifient le Père.

Notre responsabilité n'est pas de fabriquer des fruits, c'est impossible mais de demeurer attachés au cep, de laisser circuler la sève, et de coopérer avec le travail du vigneron qui émonde, taille et soigne. Les Fruits de l'Esprit ne sont donc pas un fardeau religieux supplémentaire, mais le témoignage joyeux que nous sommes véritablement passés des ténèbres à la lumière, de la mort à la vie, de la rébellion à la citoyenneté. Ils sont la Constitution vivante du Royaume, gravée non sur des tables de pierre, mais dans des cœurs de chair transformés par le Gouverneur résident.

Si les Fruits forment le caractère du citoyen, les Dons l'orientent en affinant sa sagesse et son intelligence et les Charismes l'équipent pour sa mission. Le chapitre suivant explore ces Dons : ces dispositions permanentes que le Gouverneur dépose en nous pour que nous puissions entendre, comprendre et suivre la voix du Roi.

Chapitre 13 - Les Dons de l'Esprit

Les Outils Surnaturels du Royaume

Le chapitre précédent a posé une distinction essentielle : les Fruits de l'Esprit révèlent ce que nous sommes, les Dons révèlent ce pour quoi nous sommes envoyés. Un citoyen naturalisé possède des droits légitimes, mais pour contribuer activement à la prospérité de sa nation, il a besoin d'outils, de compétences, d'une fonction précise. Le Gouverneur ne nous laisse jamais démunis face à la mission colossale de représenter le Roi sur la terre.

Mais avant d'inventorier ces outils, il nous faut comprendre à qui ils appartiennent vraiment, et pourquoi cette question change tout.

Qu'est-ce qu'un Don ?

Un don spirituel, *charisma* en grec, n'est pas un talent naturel perfectionné, ni une compétence acquise par l'éducation ou l'effort. C'est une manifestation surnaturelle de l'Esprit qui traverse un croyant disponible pour accomplir un objectif précis du Royaume. L'image de l'électricité est juste : un appareil ne produit pas l'électricité, il la canalise lorsqu'il est branché à la source. De même, nous ne *« possédons »* pas les dons comme on possède une voiture ; nous sommes traversés par la puissance de l'Esprit selon sa volonté souveraine **(1 Co 12 :11).**

Cette compréhension protège contre deux erreurs opposées : l'orgueil spirituel (*« j'ai le don de prophétie, je suis donc supérieur »*) et le complexe d'infériorité (*« je n'ai pas de dons spectaculaires, je suis donc inutile »*). Aucun des deux ne résiste à la définition paulinienne : *« le don est une manifestation de l'Esprit pour l'utilité commune »* **(1 Co 12 :7).** L'outil ne se vante pas d'être un outil. Il sert.

Super-Héros ou Ambassadeurs ?

Avant ma conversion, j'étais un grand amateur de mangas, particulièrement de *One Piece*. Cette œuvre raconte l'épopée de Luffy, un jeune pirate parcourant les mers en quête d'un trésor légendaire qui fera de lui le « Roi des Pirates ». Bien que cet univers puisse parfois glorifier des thématiques sombres et ténébreuses, le Seigneur, dans Sa souveraineté et Son sens de l'humour, s'est servi de cette source imparfaite pour m'enseigner une vérité du Royaume. Il est vrai que si tous les mangas n'ont pas une intention spirituelle négative, certains s'inspirent de mythologies ou de spiritualités étrangères au christianisme.

Dans *One Piece*, les personnages mangent des *« fruits du démon »* qui leur accordent des capacités surnaturelles. On y apprend que ces fruits sont le produit des désirs humains : ils matérialisent ce que l'homme a souhaité devenir par lui-même. Lorsque j'ai commencé à étudier les dons de l'Esprit, j'ai réalisé quelque chose de frappant : le monde imite toujours le Royaume, mais en pervertit le sens. Satan, le grand contrefacteur, ne crée rien. Il se contente de déformer ce que Dieu a établi, proposant à l'homme de s'attribuer une puissance qui ne vient pas de son Créateur.

La différence entre la contrefaçon du monde et la réalité du Royaume se niche dans la relation entre l'individu et la puissance. Trois contrastes l'illustrent avec clarté.

L'Identité contre l'Intendance

Dans l'univers de *One Piece*, les personnages mangent le fruit et **deviennent** le pouvoir. Luffy est *« l'homme-caoutchouc »* ; sa nature moléculaire est altérée. Son identité fusionne avec sa capacité. Dans le Royaume, l'identité du citoyen ne dépend jamais de son don. Pierre ne devient pas *« l'homme-guérison »* ; il reste Pierre, un serviteur canalisant la puissance du Gouverneur. Nous ne sommes pas des super-héros ayant muté sous l'effet d'un désir personnel, mais des ambassadeurs en mission. Nous ne possédons pas le don ; nous en sommes les intendants.

L'Ambition contre le Service

Pour un pirate, le fruit est un moyen de s'élever, d'écraser la concurrence et de devenir *« le Roi »*. La puissance sert l'égo et la liberté individuelle. Dans le Royaume, le don est une *« manifestation de l'Esprit pour l'utilité commune »* **(1 Co 12 :7).** Le Gouverneur distribue les outils non pour que nous soyons admirés, mais pour que le seul vrai Roi soit glorifié et que Son peuple soit secouru. Dans le monde, la puissance impose le respect par la crainte ; dans le Royaume, elle inspire la gratitude par l'amour.

Le Réservoir contre le Canal

Le personnage de manga est un réservoir : il stocke sa puissance à l'intérieur de lui-même et l'épuise à sa guise. S'il s'entraîne, sa propre force vitale augmente, mais elle reste limitée à son corps. Le citoyen du Royaume est un canal. Nous n'avons pas de réserve propre. Si nous nous coupons de la Source, l'outil s'arrête net. Pierre ne pouvait pas dire : *« Regardez ma puissance. »* Il disait : *« Ce que j'ai, je te le donne : au nom de Jésus-Christ de Nazareth, lève-toi et marche ! »* **(Ac 3 :6)**. Il ne libérait pas un fluide personnel, il ouvrait un accès au Trône.

Les Neuf Manifestations de l'Esprit

Paul énumère neuf manifestations distinctes que l'on peut regrouper selon leur nature : il y a celles qui révèlent, celles qui agissent, et celles qui parlent. **(1 Co 12 :8-10)**

- Les Dons de Révélation : Le Savoir Surnaturel

Ces dons permettent au Gouverneur de révéler ce qui est caché aux sens naturels.

- <u>La Parole de Connaissance</u> est une révélation surnaturelle d'un fait passé ou présent que l'on ne pourrait connaître naturellement. Jésus l'a manifesté avec la Samaritaine : *« Tu as eu cinq maris… »* **(Jn 4 :18)**. Ce don expose les situations cachées pour apporter conviction ou direction.

- <u>La Parole de Sagesse</u> est une révélation surnaturelle concernant la volonté de Dieu pour l'avenir ou la solution divine à un problème complexe. C'est savoir quoi faire avec ce que l'on sait. Lorsque Salomon a proposé de couper l'enfant en deux, il manifestait une sagesse surnaturelle pour discerner la véritable mère **(1 R 3 :16-28)**.

- <u>Le Discernement des Esprits</u> est la capacité surnaturelle d'identifier la source spirituelle derrière une manifestation, une parole ou une situation. Est-ce le Saint-Esprit, un esprit démoniaque, ou simplement l'âme humaine qui s'exprime ? Paul l'a exercé avec la jeune esclave possédée qui le suivait en criant des vérités **(Ac 16 :16-18).**

➢ Les Dons de Puissance : L'Agir Surnaturel

Ces dons permettent au Gouverneur d'intervenir directement dans le monde physique.

- La Foi ici n'est pas la foi salvatrice que possède tout croyant, mais une conviction surnaturelle momentanée que Dieu va accomplir l'impossible. C'est la foi qui déplace les montagnes. Élie manifestait ce don lorsqu'il a défié les 450 prophètes de Baal avec une assurance absolue **(1 R 18).**

- Les Dons de Guérisons sont des manifestations ponctuelles de restauration physique par la puissance de Dieu. Le pluriel indique une variété : certains dons s'appliquent à certaines conditions, d'autres à d'autres. Pierre guérissant le boiteux à la porte du Temple **(Ac 3:1-10)** en est l'illustration la plus saisissante.

- Les Opérations de Miracles sont des interventions surnaturelles qui suspendent ou contredisent les lois naturelles. La multiplication des pains, la marche sur l'eau, la résurrection des morts entrent dans cette catégorie. C'est le Royaume qui s'impose temporairement sur la réalité déchue.

➢ Les Dons d'Inspiration : Le Dire Surnaturel

Ces dons permettent au Gouverneur de communiquer directement Son message.

- La Prophétie est un message inspiré par l'Esprit qui édifie, exhorte et console l'Église **(1 Co 14 :3)**. Ce n'est pas nécessairement prédire l'avenir ; c'est parler sous inspiration divine pour fortifier le peuple de Dieu, révéler les secrets des cœurs et attirer les incrédules à la repentance.

- Les Diverses Langues sont la capacité surnaturelle de s'exprimer dans une langue inconnue du locuteur, soit humaine **(Ac 2)** soit céleste **(1 Co 13 :1).** Pour beaucoup de croyants, c'est le premier don manifesté après leur conversion : un signe audible que le Gouverneur habite en eux et qu'ils sont nés de nouveau dans le Royaume.

- L'Interprétation des Langues est la révélation surnaturelle du sens d'un message donné en langues, permettant à l'assemblée d'être édifiée. Ce n'est pas une traduction linguistique, mais une inspiration qui communique le contenu.

Principes Fondamentaux sur les Dons

Quatre principes gouvernent l'exercice des dons dans le Corps de Christ. Les comprendre, c'est éviter les détournements qui ont blessé tant d'assemblées.

La Souveraineté du Gouverneur est le premier : *« Un seul et même Esprit opère toutes ces choses, les distribuant à chacun en particulier comme il veut »* **(1 Co 12 :11).** Nous ne choisissons pas nos dons comme dans un catalogue. C'est le Gouverneur qui équipe selon sa stratégie.

La Diversité dans l'Unité est le deuxième : le Corps a besoin de tous les dons. Un œil ne peut dire à une main : *« Je n'ai pas besoin de toi »* **(1 Co 12 :21).** Cette diversité n'est pas une compétition, mais une complémentarité orchestrée par le Gouverneur.

L'Amour comme Condition est le troisième. Le chapitre 13 de 1 Corinthiens, placé stratégiquement entre deux chapitres sur les dons, nous rappelle que sans amour, tous les dons deviennent du bruit. Les dons sans le caractère produisent l'orgueil ; le caractère sans les dons produit la stérilité. Il nous faut les deux.

La Décence et l'Ordre est le quatrième : *« Que tout se fasse avec bienséance et avec ordre »* **(1 Co 14 :40).** Le Gouverneur n'est pas l'auteur du désordre. Les manifestations authentiques de l'Esprit ne contredisent jamais la Parole écrite et se soumettent toujours à l'autorité établie dans l'Église.

Le Danger des Dons Sans les Fruits

Voici où l'analogie du manga s'effondre complètement et révèle la sagesse de Dieu : dans One Piece, tout ce qui compte, c'est le pouvoir, seule la puissance brute importe. Le caractère, la moralité, l'amour, sont secondaires. Mais dans le Royaume, les dons exercés sans le caractère du Christ deviennent des armes dangereuses.

Saül prophétisait même après que Dieu l'avait rejeté **(1 S 19 :23-24)**. Balaam était un authentique prophète, mais son cœur était corrompu par l'argent ; il a fini par conseiller aux Moabites comment faire trébucher Israël. Judas chassait les démons et guérissait les malades avec les autres disciples **(Mt 10 :1-4),** puis a trahi Jésus pour trente pièces d'argent. Les fils de Scéva tentaient de chasser des démons au nom de Jésus sans vraiment Le connaître : le démon leur a répondu *« Je connais Jésus, et je sais qui est Paul ; mais vous, qui êtes-vous ? »* **(Ac 19 :15)**, et les a battus.

La leçon est sobre : on peut exercer des dons puissants tout en vivant dans la chair non sanctifiée. Les dons peuvent opérer même quand la chair n'est pas crucifiée mais ils produisent alors des dégâts dans le Corps de Christ plutôt que de l'édifier. La prophétie sans amour devient manipulation. Les miracles sans humilité génèrent l'idolâtrie. Le discernement sans douceur crée la division.

« Si tu as le don de prophétie, que tu connaisses tous les mystères et toute la science… et si tu n'as pas l'amour, tu n'es rien. » **(1 Co 13 :2)** Ce n'est pas l'airain qui résonne, c'est le néant. Plus inquiétant encore, c'est potentiellement une arme entre de mauvaises mains.

L'Équilibre du Gouverneur : Caractère et Compétence

Le Gouverneur recherche un équilibre que le monde ne comprend pas. Le caractère sans les dons produit des chrétiens sincères mais impuissants, incapables de manifester le Royaume avec autorité comme des soldats bien formés moralement mais sans armes. Les dons sans le caractère produisent des chrétiens spectaculaires mais dangereux, qui blessent les brebis, divisent les assemblées et finissent par tomber dans le scandale.

Le modèle parfait est Jésus : puissance absolue et caractère impeccable. Il guérissait avec compassion. Il prophétisait avec humilité. Il chassait les démons avec autorité, mais lavait les pieds de Ses disciples avec douceur. C'est ce que le Gouverneur travaille à reproduire en nous : des ambassadeurs qui agissent avec la puissance du Roi et qui reflètent Son caractère.

Et le vrai trésor, au fond, n'est pas un don spectaculaire. C'est Christ Lui-même **(Mt 13 :44).** Quand nous L'avons trouvé, nous découvrons que nous ne cherchions pas à devenir *« le Roi des Pirates »*. Nous cherchions simplement à connaître le Roi.

— ✦ —

Conclusion : L'Équipement Parfait du Citoyen

Les dons de l'Esprit ne sont pas des ornements facultatifs ou des ajouts charismatiques à une foi autrement complète. Ils constituent l'équipement essentiel du citoyen du Royaume. Le Gouverneur ne nous a pas simplement sauvés pour que nous restions assis ; Il nous a équipés pour que nous agissions. Mais toujours en tant que canaux, jamais en tant que réservoirs. Toujours en tant qu'intendants, jamais en tant que propriétaires.

La question n'est donc pas : *« Ai-je besoin des dons ? »* Elle est : *« Suis-je disponible pour que le Gouverneur m'équipe selon sa stratégie souveraine, tout en cultivant le caractère qui me permettra de les porter dignement ? »* Ne cherchez pas à être Luffy. Cherchez à être Pierre, un homme ordinaire, traversé par une puissance extraordinaire, qui sait très bien qu'elle ne lui appartient pas.

Les outils sont distribués. Mais des outils sans structure produisent du chaos. Le Gouverneur ne se contente pas d'équiper des individus isolés, Il bâtit un gouvernement. Et ce gouvernement a cinq visages.

Chapitre 14 - Les Cinq Ministères : L'Administration du Royaume

Mais le Gouverneur ne se contente pas de distribuer des outils temporaires. Dans Sa sagesse administrative, Il établit également des fonctions permanentes, des offices gouvernementaux, pour structurer et diriger Son Église jusqu'à sa maturité complète. Si les dons sont des outils temporaires distribués selon les besoins, les ministères représentent des fonctions permanentes et des appels durables.

Son départ n'était pas un retrait, mais une expansion. En remontant au ciel, Il a *« fait des dons aux hommes »* **(Ép 4 : 8)**, offrant à la terre ces témoins précieux dont le monde, pourtant, n'était pas digne **(Hé 11 : 38)**. Ces hommes-dons ne sont pas de simples délégués, mais les ambassadeurs d'une présence universelle, chargés de déployer l'autorité du Royaume jusqu'aux extrémités de la terre.

Les Cinq Ministères : Des Dons-Personnes

« Et il a donné les uns comme apôtres, les autres comme prophètes, les autres comme évangélistes, les autres comme pasteurs et docteurs » **(Ép 4 :11).** Remarquez que Christ n'a pas donné des titres ou des diplômes, mais des personnes équipées pour des fonctions spécifiques. Ces cinq ministères ne sont pas des positions honorifiques à conquérir, mais des responsabilités redoutables à assumer.

L'analogie du gouvernement : Dans un gouvernement terrestre, il existe différents départements : défense, éducation, santé, justice, affaires étrangères. Chaque ministre a une fonction distincte mais tous servent le même roi et le même royaume. De même, les cinq ministères ont des rôles complémentaires pour bâtir le Corps de Christ.

➢ Les Apôtres : Les Ambassadeurs et Fondateurs

Le terme "apôtre" (apostolos) signifie "envoyé avec autorité". Ce sont les pionniers du Royaume, ceux qui établissent des Églises dans des territoires vierges et qui posent les fondements doctrinaux.

Leur fonction : Implanter des Églises dans de nouvelles régions **(Rm 15 :20).** Établir l'ordre et la doctrine **(1 Co 11 :34).** Exercer une autorité spirituelle trans-locale **(2 Co 10 :13-16).** Manifester les signes, prodiges et miracles qui authentifient leur ministère **(2 Co 12 :12).**

L'exemple biblique : Paul plantant des Églises dans tout le bassin méditerranéen, formant des responsables locaux, puis poursuivant sa route tout en maintenant un lien spirituel par lettres et visites.

La dimension moderne : Aujourd'hui, les apôtres sont ces pionniers missionnaires qui pénètrent des territoires non évangélisés, établissent des réseaux d'Églises, et apportent des révélations fraîches (sans contredire l'Écriture) pour l'édification du Corps. William Carey, cordonnier anglais sans formation théologique, débarqua en Inde en 1793 avec une Bible et une conviction : là où le Roi n'est pas encore connu, le Gouverneur précède toujours l'apôtre.

➢ Les Prophètes : Les Porte-Parole et Révélateurs

Les prophètes communiquent la pensée actuelle de Dieu à son peuple. Ils voient dans le monde spirituel et articulent ce que le Gouverneur veut dire ou faire dans une situation spécifique.

Leur fonction : Révéler les intentions et les secrets de Dieu **(Am 3 :7)**. Établir la direction prophétique de l'Église **(Ac 13 :1-3)**. Exposer le péché caché et appeler à la repentance **(2 S 12 :1-14)**. Confirmer les appels divins par la prophétie **(1 Tm 1 :18).**

L'exemple biblique : Agabus prophétisant la famine **(Ac 11 :28)** et l'arrestation de Paul **(Ac 21 :10-11)**, permettant à l'Église de se préparer spirituellement et matériellement.

La dimension moderne : Les prophètes contemporains perçoivent les stratégies de l'ennemi, exposent les compromis cachés, appellent l'Église à la sainteté, et révèlent les plans de Dieu pour des saisons spécifiques. Ils fonctionnent souvent en binôme avec les apôtres **(Ép 2 :20).** Rees Howells, mineur gallois, apprit à ses dépens que le ministère prophétique n'est pas d'abord une question de révélation, mais de cession : le Gouverneur ne parle clairement qu'à travers un homme qui a cessé de parler pour lui-même. Le Père Raniero Cantalamessa, prédicateur de la Maison pontificale depuis 1980, porta cette même conviction au cœur de Rome. Preuve que le Gouverneur n'a pas besoin d'une dénomination pour trouver une voix.

➢ Les Évangélistes : Les Recruteurs du Royaume

Les évangélistes sont passionnés par le salut des âmes perdues. Ils ont une onction particulière pour communiquer l'Évangile de manière puissante et pour voir des conversions massives.

Leur fonction : Prêcher l'Évangile aux perdus avec signes et prodiges **(Mc 16 :20)**. Établir des ponts entre l'Église et le monde. Former l'Église à témoigner efficacement **(2 Tm 4 :5).** Maintenir une passion pour l'évangélisation dans le Corps.

L'exemple biblique : Philippe l'évangéliste qui, après avoir connu un réveil en Samarie, est envoyé par l'Esprit vers un seul homme, l'eunuque éthiopien (Actes 8). L'évangéliste est flexible et obéit aux directives du Gouverneur.

La dimension moderne : Les évangélistes contemporains utilisent tous les moyens modernes, les médias, événements publics, arts créatifs, pour atteindre les perdus. Leur présence empêche l'Église de devenir un club fermé et maintient son ADN missionnaire. Reinhard Bonnke parcourut l'Afrique subsaharienne pendant quarante ans. Des dizaines de millions de conversions documentées, non pas le fruit d'un talent oratoire, mais d'un homme qui avait appris à se tenir hors du chemin pour laisser le Gouverneur faire Son travail.

➢ Les Pasteurs : Les Bergers et Protecteurs

Le pasteur (poimen) est celui qui prend soin du troupeau avec tendresse et vigilance. Il connaît ses brebis par leur nom, les nourrit, les protège et les guide vers de verts pâturages.

Leur fonction : Nourrir le troupeau par l'enseignement régulier de la Parole **(Jn 21 :15-17)**. Protéger contre les faux docteurs et les loups spirituels **(Ac 20 :28-31)**. Visiter, consoler et fortifier les croyants individuellement **(Éz 34 :4).** Créer une atmosphère de sécurité et de croissance.

L'exemple biblique : Jésus lui-même, le Bon Berger, qui connaît ses brebis, les appelle par leur nom, et donne sa vie pour elles **(Jn 10 :11-15)**.

La dimension moderne : Le pasteur authentique ne se contente pas de prêcher le dimanche ; il investit dans les vies, marche avec les brebis dans leurs épreuves, célèbre leurs victoires et restaure celles qui s'égarent. Il refuse de transformer l'Église en entreprise administrative et préserve la dimension relationnelle du Royaume. Mamadou Karambiri, au Burkina Faso, a tenu debout une Église et un peuple dans les années les plus sombres de l'histoire de son pays. Le Gouverneur ne choisit pas ses bergers dans un seul enclos : Il les reconnaît à ceci, ils restent quand les autres partent.

Le frère Ernest en est un autre témoin. Homme d'affaires avant d'être berger, il fut appelé au ministère dans le creux de la vague, à plus de cinquante ans, après l'effondrement de son entreprise. Ceux qui l'ont connu témoignent tous de la même réalité : derrière ses enseignements, il y avait un homme qui savait s'arrêter, écouter et intercéder jusqu'à ce que la guérison vienne ou que la paix descende. Le Gouverneur avait pris un homme que le monde avait mis à genoux, et en avait fait un berger.

- Les Docteurs (Enseignants) : Les Architectes de la Vérité

Le docteur (didaskalos) a le don de rendre claire, systématique et applicable la Parole de Dieu. Il construit l'édifice doctrinal qui protège l'Église de l'erreur.

Leur fonction : Expliquer les Écritures avec clarté et profondeur **(Né 8 :8).** Établir les croyants dans la saine doctrine **(Tt 1 :9)**. Réfuter les hérésies avec patience et pédagogie **(2 Tm 2 :24-26).** Former de nouveaux enseignants **(2 Tm 2 :2)**.

L'exemple biblique : Apollos, *« puissant dans les Écritures »*, enseignait avec exactitude et réfutait publiquement les contradicteurs **(Ac 18 :24-28)**.

Dans notre ère moderne, cette onction s'incarne à travers des figures marquantes :

- Derek Prince a illustré cette rigueur en décomposant les vérités bibliques avec une précision chirurgicale, rendant les fondements de la foi accessibles à tous.

- Myles Munroe, quant à lui, a su extraire les lois du Royaume pour les transformer en principes de vie concrets, démontrant que la théologie n'est pas une théorie, mais une constitution pour le quotidien.

- John Stott rappelait enfin que le but ultime du docteur n'est pas d'impressionner par sa science, mais de faire aimer l'Écriture.

Le docteur authentique démystifie la Parole sans la banaliser. Dans un monde saturé d'informations, il équipe le peuple de Dieu d'une boussole pour discerner le vrai du faux.

La Complémentarité des Cinq Ministères

Ces cinq ministères ne sont pas en compétition mais en collaboration divine. Ils représentent les cinq doigts de la main de Christ : L'Apôtre pose les fondations et ouvre de nouveaux territoires. Le Prophète révèle la direction et maintient la sensibilité spirituelle. L'Évangéliste amène les nouveaux convertis. Le Pasteur les intègre et les soigne. Le Docteur les établit dans la vérité.

Une Église mature nécessite l'influence des cinq. Une Église avec seulement des pasteurs devient une garderie spirituelle confortable mais stagnante. Une Église avec seulement des évangélistes génère des conversions sans enracinement. Une Église avec seulement des docteurs devient une académie froide et intellectuelle. Une Église avec seulement des prophètes risque l'instabilité et le sensationnalisme. Une Église avec seulement des apôtres peut devenir autoritaire et déconnectée du local.

Le Gouverneur distribue ces ministères avec sagesse pour que le Corps fonctionne dans l'équilibre parfait.

Le But Ultime : La Maturité du Corps

« Pour le perfectionnement des saints en vue de l'œuvre du ministère et de l'édification du corps de Christ, jusqu'à ce que nous

soyons tous parvenus à l'unité de la foi et de la connaissance du Fils de Dieu, à l'état d'homme fait, à la mesure de la stature parfaite de Christ » **(Ép 4 :12-13).** Les cinq ministères ne sont pas appelés à faire tout le travail pendant que l'assemblée reste passive. Leur rôle est d'équiper chaque saint pour qu'il devienne lui-même un ministre efficace. C'est le passage du spectateur au participant.

L'analogie de l'entraîneur : Un bon entraîneur ne joue pas le match à la place de ses joueurs ; il les forme, les motive et les positionne pour qu'ils excellent sur le terrain. De même, les cinq ministères forment le peuple de Dieu pour qu'il manifeste le Royaume dans tous les secteurs de la société.

L'Unité dans la Diversité

Le but n'est pas l'uniformité (tout le monde identique) mais l'unité (tous alignés sur Christ malgré nos différences). Les dons et ministères créent une symphonie, non une cacophonie, lorsque le Chef d'orchestre (le Gouverneur) dirige. Comme nous le verrons dans chapitre ultérieur, le Gouverneur travaille sans relâche pour abolir les barrières qui divisent Son peuple et établir cette unité dans la diversité.

La Maturité

Le projet final du Gouverneur est de produire une Église qui ressemble au Roi en caractère, en puissance et en amour. Une Église qui ne soit plus ballottée par tout vent de doctrine, mais ancrée dans la vérité, rayonnante de sainteté, et redoutable pour les forces des ténèbres.

Une Église ne ressemble au Roi ni par sa doctrine seule, ni par ses miracles seuls. Elle Lui ressemble quand l'apôtre qui fonde ne détruit pas, quand le prophète qui reprend ne blesse pas, quand l'évangéliste qui rassemble ne disperse pas ensuite, quand le pasteur qui soigne ne retient pas captif, quand le docteur qui instruit ne dessèche pas. Ce n'est pas seulement le fruit individuel qui importe ici, c'est la maturité collective d'un corps entier appris à fonctionner comme une main, chaque doigt à sa place, aucun se substituant à l'autre.

— ✦ —

Conclusion : L'Administration Parfaite du Royaume

Un royaume ne tient pas par ses soldats seuls, il tient par ses institutions. Sans gouverneurs capables, sans juges compétents, sans ambassadeurs fidèles, même la plus grande armée finit par se disperser. C'est exactement pourquoi le Christ, avant de monter au ciel, n'a pas simplement laissé des croyants enthousiastes : Il a établi une structure. Les cinq ministères sont cette structure. Ils ne sont pas une option pour les Églises ambitieuses ; ils sont l'ossature sans laquelle le Corps du Christ reste informe. Le Gouverneur n'a jamais cessé de les susciter. Pas seulement dans l'Église primitive, dans chaque génération, jusqu'au retour du Roi. Parce que la mission n'est pas achevée. Et elle ne le sera qu'à ce moment-là.

La question n'est donc pas : "Ai-je besoin des ministères ?" mais plutôt : "Suis-je disponible pour que le Gouverneur m'appelle et m'établisse selon sa stratégie souveraine ? Et si je ne suis pas appelé à l'un des cinq ministères, est-ce que j'honore et je me soumets à ceux que Christ a établis pour me former et m'équiper ?"

Que chaque citoyen du Royaume découvre sa fonction, exerce fidèlement ses dons, et honore les ministères établis par Christ. Mais avant tout, que nous cultivions les fruits qui garantissent que nos dons et nos fonctions seront exercés dans la sainteté, l'humilité et l'amour.

C'est ainsi que le Royaume s'étend avec puissance et que le Roi est glorifié. Les cinq ministères ne sont pas un organigramme d'Église. Ils sont la preuve que Dieu ne gouverne pas seul. Il associe des hommes et des femmes à Son administration, non parce qu'Il en a besoin, mais parce qu'Il a choisi de ne pas régner sans nous. C'est une grâce redoutable. Elle appelle une seule réponse : la disponibilité. Pas l'excellence, pas le titre mais la disponibilité. Le reste, le Gouverneur s'en charge.

Recevoir l'Esprit n'est pas une arrivée, c'est un commencement. Cette partie nous a conduits au cœur de ce que signifie vivre sous Son gouvernement : être adopté comme fils, porter Ses fruits, être équipé de Ses dons. Ce n'est pas une vie d'effort solitaire, mais une vie de communion où le croyant apprend, jour après jour, à reconnaître la voix de Celui qui l'habite et à Lui céder la direction. Mais cette transformation intérieure n'est pas une fin en soi. Elle déborde. Elle rayonne. C'est ce témoignage vers le monde que la Partie IV explore.

PARTIE IV : VIVRE SOUS LE GOUVERNEMENT DIVIN

La vie quotidienne d'un citoyen du Royaume

Chapitre 15 - Plus qu'un Gouverneur, un Ami Personnel

Le cœur relationnel du Gouvernement divin

Il existe une erreur que les croyants les plus sérieux commettent parfois sans s'en rendre compte : ils connaissent le rôle du Saint-Esprit sans Le connaître, Lui. Ils savent qu'Il sanctifie, qu'Il équipe, qu'Il gouverne mais ils L'approchent comme on s'approche d'un directeur administratif : avec respect, avec protocole, et avec une légère crainte de déranger. Ce chapitre est une invitation à corriger ce malentendu fondamental. Car avant d'être un Gouverneur, le Saint-Esprit est une Personne et Il désire, plus que tout, être votre ami.

Mais une question essentielle demeure : qui est vraiment ce Gouverneur pour nous ? Est-Il un directeur général surveillant froidement nos performances ? Un inspecteur notant nos écarts ? Un administrateur rigide appliquant des règlements ? Ou est-Il quelque chose de radicalement différent ?

La réponse transformera tout. Car il y a une différence entre posséder un titre de propriété et se sentir *« chez soi »* dans la maison du Père. L'amitié avec le Saint-Esprit fait passer la foi du stade de *« système de droits »* à celui de relation personnelle vivante. C'est l'idée radicale que Dieu n'est pas seulement un Juge lointain ou un Roi inaccessible, mais un compagnon de route qui partage chaque instant de votre existence.

L'Accès du Fils : Une Histoire de la Guerre Civile

Pour comprendre cette nuance cruciale, considérez une histoire puissante datant de la guerre de Sécession américaine, illustrant parfaitement la différence entre le protocole et la relation.

Un soldat se tenait devant les grilles de la Maison-Blanche, à Washington. Il était accablé de douleur. Il avait désespérément besoin de parler au président Abraham Lincoln pour solliciter une grâce capable de sauver une vie, peut-être celle d'un frère, d'un ami, ou la sienne propre.

Mais en temps de guerre, la sécurité était inflexible. Les gardes et les secrétaires l'avaient repoussé plusieurs fois avec la même réponse glaciale : *« Le Président est trop occupé avec la guerre. Il ne peut recevoir personne sans rendez-vous officiel. Vous n'avez pas le rang nécessaire. Revenez avec les documents appropriés. »*

L'homme s'assit sur un banc à l'extérieur, la tête entre les mains, et se mit à pleurer. Il n'avait ni l'influence, ni le statut, ni les connexions nécessaires pour franchir ces portes. Tout ce qu'il avait, c'était un besoin désespéré et une cause juste. Mais cela ne suffisait pas.

C'est alors qu'un petit garçon qui jouait aux alentours remarqua l'homme brisé et s'approcha de lui avec curiosité. C'était Tad Lincoln, le fils du président. En voyant les larmes du soldat, Tad lui demanda avec une innocence désarmante : *« Monsieur, pourquoi pleurez-vous ? »* L'homme, entre deux sanglots, lui expliqua sa détresse. Le petit garçon sourit et lui dit simplement : *« Oh, moi je peux vous faire entrer. Venez avec moi. »*

Tad prit la main du soldat et l'entraîna vers la Maison-Blanche. Ils passèrent devant les sentinelles armées, les officiers haut gradés, les secrétaires inflexibles, tous ceux qui avaient barré la route à l'homme quelques minutes auparavant. Personne n'osa arrêter le fils du Président. Tad ouvrit la porte du bureau présidentiel sans même frapper. Abraham Lincoln, en pleine réunion de crise avec ses généraux, leva les yeux, surpris. Tad s'exclama avec enthousiasme : *« Papa, ce monsieur est très triste et il a besoin de te parler ! »* Lincoln, touché par la démarche de son fils et par la détresse visible de l'homme, interrompit sa réunion stratégique, écouta attentivement le soldat et lui accorda la grâce demandée. Comprenez-vous ce qui vient de se passer ?

Ce que le soldat n'a pu obtenir par le mérite, par le protocole, par les canaux officiels, par ses propres efforts, il l'a obtenu par la relation. Parce qu'il tenait la main du fils, il a eu accès immédiat au cœur du père. C'est exactement le rôle du Saint-Esprit dans notre vie. Il nous prend par la main pour nous introduire dans l'intimité de

Dieu. Il ne nous fait pas seulement entrer dans un bureau, Il nous fait entrer dans une famille.

De la Table des Miettes à la Table du Roi : L'exemple de Mephiboseth

Pour comprendre cette évolution du cœur, tournons-nous vers l'une des plus belles illustrations bibliques de la grâce imméritée : l'histoire de Mephiboseth **(2 S : 9).**

Mephiboseth était le fils de Jonathan et le petit-fils du roi Saül. Lié à David par une alliance de sang scellée avec son père, il aurait dû être l'héritier d'un trône. Or, il vivait caché à Lo-Debar dont le nom signifie littéralement *« sans pâturage, sans parole »*, un lieu d'oubli, de sécheresse et de misère. Et sa crainte, lorsque David le fit appeler, était loin d'être irrationnelle.

À cette époque, la coutume voulait qu'un roi nouvellement établi élimine tous les descendants de la maison précédente, afin de prévenir toute revendication du trône. Mephiboseth, héritier légitime de Saül, représentait techniquement une menace politique pour la couronne de David. À cela s'ajoutait le lourd passif familial : son grand-père Saül avait passé des années à traquer David pour le tuer. Comment ne pas craindre que le roi ne cherchât à se venger sur le dernier survivant de cette lignée ?

Enfin, Mephiboseth portait une blessure plus intime encore. Infirme des deux pieds depuis l'âge de cinq ans, suite à une chute lors de la fuite précipitée qui suivit la mort de Saül, il se regardait lui-même comme inutile dans une société qui mesurait la valeur d'un homme à sa force guerrière. C'est pourquoi, lorsqu'il se prosterne devant David, il s'écrie : *« Qu'est-ce que ton serviteur, pour que tu regardes un chien mort tel que moi ? »* **(2 S 9 :8)**

Il arrive donc avec la peur d'un serviteur qui attend un jugement non la faveur d'un roi. Mais David agit à rebours de toutes les attentes de son époque. Il lui restitue l'intégralité des terres de Saül, lui rendant ainsi son statut légal et ajoute cette phrase qui change tout : *« Tu mangeras toujours à ma table. »*

Mephiboseth aurait pu récupérer ses terres et vivre comme un riche propriétaire, tout en demeurant à distance du palais. Il aurait eu le statut, mais pas l'intimité. En l'invitant à sa table, celle où mangeaient les fils du roi, David ne traite plus Mephiboseth comme le bénéficiaire d'un contrat légal, mais comme l'ami intime. Il le traite comme son propre fils. C'est là le ***Hessed*** (la grâce imméritée) dans toute sa plénitude : la bonté souveraine et imméritée qui va infiniment au-delà de ce que la justice exigeait.

C'est exactement ce que l'Esprit veut accomplir en nous. Il ne veut pas seulement que vous soyez *« en règle »* avec le Ciel. Il veut que vous savouriez la présence du Roi. Vous n'êtes pas le bénéficiaire d'un contrat divin. Vous êtes invité à Sa table.

La Différence Entre le Gouverneur et l'Ami

Il existe une différence fondamentale entre deux types de relation avec l'autorité :

Le Gouverneur, celui que vous rencontrez par protocole, exige un rendez-vous officiel, un dossier en règle, une justification légitime de votre présence. Il vous reçoit selon votre statut, votre rang, votre fonction. Vous êtes évalué, jaugé, mesuré. Il vous accorde ou vous refuse selon des critères objectifs.

L'Ami, celui qui vous donne accès par affection, vous ouvre sa porte simplement parce qu'il vous aime. Il ne demande pas vos diplômes, vos accomplissements, vos mérites. Il vous reçoit tel que vous êtes, dans votre misère ou dans votre joie, parce que vous êtes son ami.

L'apôtre Paul révèle cette vérité extraordinaire : *« Et parce que vous êtes fils, Dieu a envoyé dans nos cœurs l'Esprit de son Fils, lequel crie : Abba ! Père ! »* **(Ga 4 :6).** Au Chapitre 11, ce verset nous servait de preuve de notre filiation céleste. Ici, il devient le cri de notre cœur. Le Saint-Esprit est Celui qui nous prend par la main comme le petit Tad Lincoln, pour nous faire franchir les barrières du protocole religieux et nous introduire directement dans l'intimité du Père.

Le Saint-Esprit n'est pas un secrétaire administratif traitant froidement vos demandes selon un formulaire préétabli. Il n'est pas un juge examinant votre dossier pour déterminer si vous méritez une audience.

Il est l'Ami intime qui vous introduit dans le *« Bureau Ovale »* du ciel. Il ne dit pas au Père : *« Cet homme a enfin prié correctement, avec les bonnes formules et le bon protocole. »* Il dit : *« Père, regarde, mon ami a un problème. Il souffre. Il a besoin de Toi. »*

De la Religion à la Relation : Ce Qui Change

Quand vous comprenez que le Saint-Esprit est votre Ami et non seulement votre Gouverneur, tout change dans votre manière de vivre la foi.

La différence entre un serviteur et un fils, celle que l'Esprit d'Adoption nous a révélée, se manifeste précisément dans cette relation à l'Esprit. Le serviteur obéit avec crainte ; le fils dialogue avec son Père. L'amitié avec l'Esprit, c'est entrer dans cette seconde réalité : non plus l'anxiété de la performance, mais la sécurité de l'amour.

Vous obéissez par amour, cherchant à plaire à Celui qui vous aime. Vous dialoguez avec Lui tout au long de la journée, pas seulement à des moments *« spirituels »* programmés, mais dans les courses, dans la circulation, dans les décisions professionnelles, dans les moments de solitude.

Dieu n'est plus une doctrine abstraite, mais une présence familière. La spiritualité n'est plus un compartiment, elle imprègne chaque moment, chaque pensée, chaque choix.

Vous vivez dans la sécurité de l'amour, sachant que votre valeur ne repose pas sur votre performance mais sur votre identité de fils bien-aimé.

Passer de l'esclavage à la filiation signifie que le Saint-Esprit ne vous donne pas seulement des ordres à exécuter. Il partage avec vous les secrets de Son Père.

Jésus Lui-même a déclaré à Ses disciples : *« Je ne vous appelle plus serviteurs, parce que le serviteur ne sait pas ce que fait son maître ; mais je vous ai appelés amis, parce que je vous ai fait connaître tout ce que j'ai appris de mon Père. »* **(Jn 15 :15)**.

L'Esprit vous traite comme un ami, vous révélant les pensées du cœur de Dieu, vous guidant non par des commandements froids mais par une communion vivante.

Une Présence, Pas Seulement une Puissance

Pour de nombreux chrétiens, le Saint-Esprit se résume à une force agissante : Celui qui dispense des dons, opère des miracles et communique sa puissance. Si cette vision est biblique, elle demeure incomplète. Trop souvent, l'enseignement s'est focalisé sur la quête de manifestations physiques (frissons, pleurs ou chutes) au risque de confondre l'action spirituelle avec des réactions purement émotionnelles, voire psychologiques.

Ce déséquilibre présente le Saint-Esprit comme un fluide à activer ou une expérience à reproduire. En conséquence, les croyants finissent par devenir dépendants de l'effervescence des rassemblements, au détriment d'une véritable relation personnelle et profonde avec Dieu.

Le Saint-Esprit est d'abord et avant tout une Présence, le Paraclet, *« celui qu'on appelle à ses côtés »*. Il est le Témoin invisible de votre vie. Il connaît vos pages sombres que personne d'autre ne voit. Il connaît vos peurs secrètes, vos luttes cachées, vos victoires ignorées. Et malgré tout ce qu'Il sait, toutes vos faiblesses, toutes vos chutes, toutes vos trahisons, Il choisit de rester.

Une présence sans protocole : Il ne vous rencontre pas seulement dans des lieux *« spirituels »*, l'église, le groupe de prière, la retraite dans les montagnes. Il vous rencontre dans la poussière de votre quotidien : dans votre cuisine pendant que vous préparez le dîner, dans votre voiture coincée dans les embouteillages, dans votre lit pendant une insomnie angoissée.

Un soutien dans la faiblesse : Quand vous n'avez plus de mots pour prier, quand la douleur est trop profonde pour être exprimée, Il traduit vos soupirs en prières parfaites devant le Trône. *« L'Esprit lui-même intercède par des soupirs inexprimables »* **(Rm 8 :26).**

Une fidélité inébranlable : Un gouverneur administratif peut vous révoquer si vous ne performez pas. Un patron peut vous licencier si vous échouez. Mais l'Ami demeure *« pour toujours »* **(Jn 14 :16).** Aucune chute, aucun échec, aucune trahison ne Le fera partir. Il a scellé Son engagement à vie.

L'Invitation au Déchargement

Pierre nous lance une invitation extraordinaire : *« Déchargez-vous sur lui de tous vos soucis, car lui-même prend soin de vous. »* **(1 Pi 5 :7)**. Remarquez bien : on ne vide pas son sac devant un inspecteur rigide. On ne dévoile pas ses vulnérabilités devant un juge sévère. Mais devant un ami, un vrai ami, on peut tout dire.

Rien n'est trop petit, trop trivial, trop insignifiant pour Lui. Ni votre facture impayée qui vous angoisse, ni votre solitude un vendredi soir, ni vos doutes théologiques que vous n'osez partager, ni votre peur de l'échec, ni votre honte d'un péché récurrent.

Les amis partagent tout, pas seulement les grandes crises, mais aussi les petites anxiétés quotidiennes.

Avec le Saint-Esprit, vous pouvez retirer tous les masques. Vous n'avez pas besoin de prétendre que tout va bien. Vous n'avez pas besoin d'embellir votre vie spirituelle. Vous n'avez pas besoin de cacher vos doutes, vos colères, vos découragements.

Il vous connaît déjà parfaitement. Il attend simplement que vous arrêtiez de jouer un rôle et que vous veniez tel que vous êtes.

Comment Cultiver Cette Amitié ?

L'amitié, même divine, se cultive. Elle ne se développe pas automatiquement. Voici quelques pratiques concrètes :

Parlez-Lui Comme à une Personne, le Saint-Esprit n'est pas une force impersonnelle, une énergie cosmique, un *« ça »*. Il est quelqu'un, une Personne divine avec une volonté, des émotions, une intelligence. Dites-Lui directement : *« Saint-Esprit, guide-moi aujourd'hui. » « Saint-Esprit, j'ai peur, aide-moi. » « Saint-Esprit, merci pour cette joie inattendue. »*. Adressez-vous à Lui par Son nom, reconnaissant Sa présence personnelle.

L'amitié se nourrit de spontanéité. Vous n'attendez pas une occasion formelle pour parler à un ami. Vous lui lancez des *« petits messages »* tout au long de la journée. Faites de même avec l'Esprit. Pendant que vous conduisez, pendant que vous travaillez, pendant que vous cuisinez, partagez vos pensées avec Lui. Remerciez-Le pour une belle journée. Demandez-Lui conseil pour une décision. Confiez-Lui une inquiétude qui vient de surgir.

L'amitié est une conversation, pas un monologue. Créez des moments de silence pour percevoir Ses douces inspirations. Après avoir prié, attendez. Écoutez. Il ne crie généralement pas, Il murmure. Parfois, Il parlera à travers un verset qui vous frappe soudainement. Parfois, à travers une conviction intérieure douce mais ferme. Parfois, à travers une paix inexplicable face à une décision.

L'obéissance rapide approfondit l'intimité. Quand Il vous inspire d'appeler un ami pour l'encourager, faites-le immédiatement. Quand Il vous convainc de demander pardon, ne tardez pas. Quand Il vous guide vers un acte de générosité, agissez sans délai. Chaque obéissance prompte renforce la confiance mutuelle. Vous apprenez à reconnaître Sa voix, et Il voit qu'Il peut vous confier davantage.

—✦—

Conclusion : Le Gouvernement par la Communion

Ici réside le mystère extraordinaire du Royaume : le Saint-Esprit ne gouverne pas malgré Son amitié, mais à travers elle.

Un gouverneur externe impose des règles par la contrainte. Un Ami interne transforme le cœur par la communion.

L'obéissance chrétienne authentique n'est pas la conformité rigide à un code légal. C'est la réponse naturelle, joyeuse, spontanée d'un cœur amoureux. Vous ne vous forcez pas à plaire à quelqu'un que vous aimez profondément, vous le faites naturellement, avec joie.

C'est cette amitié qui transforme la sanctification, que nous explorerons au chapitre suivant, d'un fardeau épuisant en une aventure joyeuse. On ne se purifie pas pour impressionner un juge sévère ou pour satisfaire un inspecteur pointilleux. On se purifie pour ressembler à l'Ami qu'on aime, pour refléter Son caractère, pour Lui faire honneur.

Le petit Tad Lincoln a sauvé un homme simplement en lui prenant la main et en disant : *« Viens avec moi. »* Le Saint-Esprit fait infiniment plus. Il ne vous prend pas seulement par la main pour vous introduire ponctuellement dans le bureau du Père.

Il vit en vous, pleure avec vous, se réjouit avec vous, et ne vous quittera jamais. Car si les administrations passent, si les gouvernements terrestres changent, si les structures humaines s'effondrent, l'Ami, Lui, reste fidèle pour l'éternité.

Prière

Saint-Esprit, Ami fidèle, pardonne-moi de T'avoir réduit à un rôle administratif froid. Pardonne-moi d'avoir cherché Ta puissance sans chercher Ta présence, Tes dons sans chercher Ta personne.

Apprends-moi à reconnaître Ta main tendue. Apprends-moi à me décharger sur Toi sans honte, sans masque, sans prétention.

Je ne veux plus vivre en esclave anxieux, surveillant constamment mes performances. Je veux vivre en fils bien-aimé qui marche chaque jour avec son Ami.

Merci de ne jamais m'abandonner. Merci de rester même quand je T'ignore. Merci d'intercéder pour moi même quand je ne sais plus prier.

Que notre amitié grandisse chaque jour jusqu'à ce que je Te rencontre face à face. Amen.

Cette amitié avec le Saint-Esprit n'est pas une expérience statique. Elle se vit, elle se développe, elle transforme. Et cette transformation a un nom : la sanctification. Car un ami véritable ne nous laisse pas là où il nous a trouvés. Il nous appelle vers notre meilleure version, celle que le Roi a conçue avant la fondation du monde.

Chapitre 16 - La Sanctification

L'Art de Vivre en Citoyen du Royaume

Si le baptême représente notre acte officiel de naturalisation dans le Royaume de Dieu, le moment précis où nous changeons de juridiction et recevons notre nouvelle identité légale, la sanctification constitue notre apprentissage progressif de la culture de ce Royaume. Obtenir la citoyenneté d'un pays ne signifie nullement que l'on en maîtrise immédiatement les codes culturels, les valeurs profondes ou les réflexes quotidiens. La sanctification incarne ce processus continu par lequel le Gouverneur rééduque le citoyen nouvellement naturalisé pour qu'il ne vive plus selon les lois de son ancien pays, mais selon les standards et la dignité de sa nouvelle patrie céleste.

Mais avant de comprendre comment ce processus opère, il faut saisir ce que le mot *« sanctification »* signifie dans sa profondeur première. Et pour cela, il faut retourner en Égypte, la nuit où tout a commencé.

La Sanctification : Une Mise à Part Visible

Le mot *« sanctifier »* vient de l'hébreu *qadosh (קָדוֹשׁ)* et du grec *hagiázō* : l'un et l'autre signifient *« mettre à part »*, *« séparer pour un usage sacré »*, *« dédier à Dieu seul »*. La sainteté n'est pas d'abord une liste de vertus à acquérir, c'est une appartenance. C'est être marqué, identifiable et reconnaissable comme appartenant au Roi.

L'image la plus saisissante de cette réalité se trouve dans la dernière nuit avant l'Exode. Dieu ordonna à chaque famille hébraïque de prendre un agneau sans défaut, de l'immoler au crépuscule et d'en marquer le linteau et les poteaux de la porte avec son sang **(Ex 12 :7)**. Cette nuit-là, l'ange de la destruction allait parcourir toute l'Égypte.

Regardons de près ce qui distinguait alors les maisons hébraïques. Il ne s'agissait pas d'une différence d'architecture ou de classe sociale. La différence était théologique : un signe visible, appliqué volontairement, marquait l'entrée. Cette maison-là était mise à part ; elle appartenait à un autre Maître. *« Quand je verrai le sang, je passerai par-dessus vous. »* **(Ex 12 :13).**

Ce n'était pas le mérite des habitants qui les protégeait, mais le Sang appliqué sur le linteau. Sa présence signifiait que la vie d'un agneau avait déjà coulé pour ce foyer : la sentence avait déjà été exécutée sur un substitut. Comme nous l'avons vu au Chapitre 6, il en est de même pour tout croyant qui a saisi le sacrifice du Roi. La sanctification commence là : non pas dans un effort de perfectionnement moral, mais dans l'application personnelle du Sang de l'Agneau sur le linteau de son cœur. Cette nuit-là, en Égypte, la frontière entre la mort et la vie ne passait pas entre les bons et les mauvais, entre les méritants et les indignes. Elle passait entre ceux dont le linteau était marqué et ceux dont il ne l'était pas. Ce geste fondateur illumine pour nous ce que les théologiens appellent la sanctification positionnelle : non pas une qualité morale acquise, mais une appartenance déclarée. Être saint, au sens premier du terme hébreu qadosh, c'est être séparé non pas de la société, mais pour Dieu. C'est avoir son linteau marqué.

La Double Dimension : Positionnelle et Progressive

L'Épître aux Hébreux nous exhorte avec une urgence étrange : *« Recherchez la paix avec tous, et la sanctification sans laquelle nul ne verra le Seigneur »* **(Hé 12 :14)**. Ce verset a troublé plus d'un croyant sincère. Comment *« rechercher »* la sanctification si c'est l'Esprit qui sanctifie ?

La réponse se trouve précisément dans la nuit de la Pâque. Le sang sur le linteau est l'œuvre de l'agneau, pas du père de famille. Mais c'est le père de famille qui a tenu le rameau d'hysope et appliqué ce sang sur le bois. Le salut est gratuit ; la participation est requise. *« Sanctifiez-vous, et soyez saints, car je suis saint, moi, l'Éternel votre Dieu. »* **(Lv 20 :7).**

Ce commandement n'est pas contradictoire. Il ne dit pas : *« Soyez divins par vous-mêmes. »* Il dit : *« Positionnez-vous du bon côté de la porte. »* La sainteté de Dieu est l'archétype ; la nôtre est le reflet.

Pour marcher avec assurance dans sa nouvelle vie, le citoyen du Royaume doit comprendre une dualité essentielle : il est d'ores et déjà saint aux yeux du Roi, statut légal, irrévocable et simultanément il est en train de le devenir dans sa marche quotidienne. Ces deux réalités ne se contredisent pas ; elles se complètent.

Au moment de la nouvelle naissance, Dieu vous déclare officiellement *« saint »* devant toute la cour céleste. C'est cette pureté positionnelle qui permet au Gouverneur d'établir sa demeure permanente en vous : Il ne réside que dans ce qui a été déclaré saint par le sacrifice du Calvaire. Mais si la position légale est instantanée, la transformation concrète du caractère est un processus graduel. Vous possédez désormais le passeport du Ciel, mais vous conservez parfois encore l'accent de la chair dans vos paroles et vos réactions.

La sanctification progressive est ce long et patient travail d'intégration : apprendre les codes du Royaume, perdre l'accent de la chair, adopter les manières de la Maison du Père. C'est là qu'intervient le Gouverneur.

Le Miroir de la Loi et l'Incapacité Naturelle

Pour comprendre l'action du Gouverneur, il faut d'abord saisir pourquoi l'effort humain seul échoue toujours.

Dieu a utilisé l'Ancienne Alliance pour démontrer une vérité fondamentale : l'incapacité radicale de l'homme naturel à obéir par ses propres forces. La Loi fonctionne comme un miroir révélateur, elle montre avec une précision implacable que votre visage est couvert de saleté, mais elle ne possède pas l'eau pour le laver. Israël, malgré toute sa bonne volonté, a systématiquement échoué à respecter l'Alliance parce que sa nature demeurait fondamentalement corrompue. On ne peut pas vivre une vie de citoyen du Royaume avec une nature de rebelle. Vous pouvez habiller un loup des plus beaux vêtements de brebis : il demeurera un loup dans ses instincts. Pour obéir par amour véritable, il ne suffit pas de la volonté ni de la discipline ; il faut un changement radical de nature.

C'est ici que la stratégie du Roi devient révolutionnaire. Puisque l'homme était incapable de s'élever jusqu'à la Loi, Dieu a choisi de faire descendre la Loi directement dans l'homme par le miracle de la Nouvelle Naissance. *« Je vous donnerai un cœur nouveau, et je mettrai en vous un esprit nouveau ; j'ôterai de votre corps le cœur de pierre, et je vous donnerai un cœur de chair. »* **(Éz 36 : 26)**

La loi de Moïse était gravée sur des tables de pierre extérieures. La sanctification de la Nouvelle Alliance est inscrite par l'Esprit lui-même sur les tables vivantes du cœur humain. C'est une véritable transplantation cardiaque spirituelle. Le Code du Royaume résumé par Jésus en un seul principe, l'Amour n'est plus une contrainte extérieure pesante, mais l'expression progressive du caractère même du Roi imprimé au-dedans.

Ago : La Corde du Fermier et la Réalité du Combat

C'est ici qu'un mot grec éclaire tout ce que nous venons de dire avec une précision saisissante. L'apôtre Paul écrit : *« Tous ceux qui sont conduits par l'Esprit de Dieu sont fils de Dieu »* **(Rm 8 :14)**. Le mot traduit par *« conduits »* est *ago* et son origine est résolument terrestre.

Dans le monde agricole de l'Antiquité, *ago* désignait le geste du fermier qui attachait une corde au cou de son animal pour le tirer et le guider dans son travail. L'image est loin d'être poétique. C'est une corde. C'est une traction. L'animal n'est pas passif, porté dans les airs par une force mystérieuse : il résiste parfois, il hésite, il tire dans l'autre sens et le fermier maintient le cap. Être *« conduit par l'Esprit »* au sens d'*ago*, c'est précisément cela : une direction réelle, exercée sur un être qui n'avance pas toujours naturellement dans la bonne direction.

Mais le mot *ago* a donné naissance à un autre terme que le Nouveau Testament utilise avec insistance : *agonizzo* que nous traduisons par *« lutter »* ou *« combattre »*. C'est de là que vient notre mot « agonie ». Dans l'Antiquité, il désignait les athlètes et les lutteurs aux prises dans l'arène. Être conduit par l'Esprit (ago) et lutter contre la chair (agonizzo) ne sont pas deux expériences opposées : ce sont les deux faces d'une même réalité. La conduite de l'Esprit s'exerce précisément dans et à travers le combat.

Voici ce que cela signifie concrètement : si vous ressentez en vous une tension réelle entre ce que la chair désire et ce que l'Esprit réclame, cette tension n'est pas la preuve que vous avez échoué. Elle est la preuve que vous êtes conduit. Un cadavre ne lutte pas. Seul celui qui est vivant ressent la traction de la corde. La lutte intérieure que tant de croyants sincères vivent comme une honte est en réalité la signature même de la sanctification en cours.

La victoire ne consiste pas à faire disparaître la chair, elle ne disparaîtra pas en cette vie. Elle consiste à laisser l'Esprit l'emporter à chaque carrefour, traction après traction, choix après choix, jusqu'à ce que les réflexes du Royaume supplantent progressivement les réflexes de l'ancien pays.

La Sanctification est Visible de l'Extérieur

Hébreux 12,14 lie deux réalités que nous tendons à dissocier : la paix avec tous les hommes et la sanctification. Ce couplage n'est pas accidentel. Il révèle une vérité fondamentale : la sainteté authentique a toujours une dimension extérieure, sociale, visible.

Repensez au sang sur le linteau. Ce sang n'était pas appliqué à l'intérieur de la maison, là où seulement la famille pouvait le voir. Il était appliqué sur le bois de la porte, visible de l'extérieur, visible pour l'ange destructeur, visible pour le voisin, visible pour le passant. La sanctification qui ne se voit pas dans nos relations, dans notre manière de traiter l'autre, dans la paix que nous cultivons même avec ceux qui nous ont blessés, est une sainteté encore trop intérieure pour être complète.

Cela ne signifie pas que la sainteté est une performance sociale. Cela signifie qu'elle est un témoignage. Nous n'appartenons plus au royaume de la discorde et de l'amertume. Nous appartenons au Royaume de la Paix et cette appartenance doit se lire sur notre linteau : sur nos lèvres, dans nos mains, dans notre manière d'être présents aux autres.

Séparés et Envoyés : La Double Vocation

Le mot qadosh porte en lui une tension productive. Être séparé ne signifie pas être absent. Abraham est séparé du monde pour devenir une bénédiction pour le monde. Israël est séparé des nations pour être une lumière pour les nations. L'Église est séparée du siècle pour être sel et lumière dans le siècle.

La sanctification n'est pas une frontière d'exclusion ; c'est une frontière de vocation. Elle définit qui nous sommes pour mieux définir ce vers quoi nous allons. Le Gouverneur nous sépare non pour nous isoler, mais pour nous équiper. Il nous forme dans le secret pour nous déployer dans le public. Il cultive en nous les fruits de l'Esprit non pour notre seule édification, mais pour que ces fruits nourrissent ceux que nous côtoyons.

Le croyant sanctifié est ainsi à la fois le plus séparé et le plus engagé des hommes. Séparé dans ses valeurs et son allégeance ultime. Engagé dans sa présence, sa compassion, sa disponibilité aux autres. Cette tension n'est pas une contradiction, c'est la marque du citoyen du Royaume qui vit en ambassadeur dans un pays étranger.

Séparés pour être envoyés. Marqués pour être missionnaires. Saints pour être serviteurs.

— ✦ —

Conclusion : La Beauté du Royaume Manifestée

La sanctification n'est pas une vie terne de privations amères. Elle est la récupération progressive de notre dignité originelle perdue et elle est, il faut oser le dire, un combat noble. La corde d'ago tire. La chair résiste. L'Esprit tient ferme. C'est dans cette tension assumée, et non dans une sérénité artificielle, que se forge le caractère du citoyen du Royaume.

Un croyant qui lutte et laisse l'Esprit l'emporter est infiniment plus avancé dans la sanctification qu'un croyant qui ne ressent aucun combat parce qu'il n'a jamais tendu la corde. Le Gouverneur ne cherche pas des âmes parfaites. Il cherche des âmes disponibles celles qui, chaque matin, tendent le cou et acceptent la traction.

Rechercher la sanctification, c'est désirer les fruits de l'Esprit plus que les plaisirs de la chair ; c'est choisir, à chaque carrefour, de ne pas résister à la corde d'Ago. Si le Sang nous a positionnés comme saints, c'est l'Esprit qui nous façonne concrètement pour que nous puissions un jour voir le Seigneur sans rougir.

Le baptême a définitivement réglé votre destination éternelle. La sanctification détermine votre utilité présente dans le Royaume. Et comme le sang sur le linteau d'Égypte désignait une maison mise à part dans la nuit la plus sombre, le Sang appliqué sur le linteau de votre cœur vous désigne, vous aussi, comme visible, identifiable, appartenant au Roi.

Pourtant, si la sanctification est cette œuvre patiente et certaine du Gouverneur en nous, pourquoi tant de croyants sincères continuent-ils à trébucher sur les mêmes obstacles ? La réponse réside dans un adversaire que nous n'avons pas encore nommé clairement non pas le diable, mais quelque chose de plus intime et de plus insidieux : la Chair.

Chapitre 17 - La Chair, l'Ennemie Infiltrée

L'Obstacle à la Sanctification et le Besoin de Gouvernance

Durant mes années de ministère en relation d'aide et en délivrance, j'ai été témoin d'un phénomène aussi troublant que récurrent : des chrétiens sincères, après avoir été puissamment libérés lors de sessions de prière intenses, retombaient systématiquement dans les mêmes travers quelques mois plus tard. Je me demandais : *« Seigneur, pourquoi cette liberté si chèrement acquise ne dure-t-elle pas ? »*

C'est alors que l'Esprit m'a fait saisir une vérité fondamentale : la délivrance traite efficacement l'ennemi extérieur, mais elle ne supprime pas l'allié intérieur. La Chair. Et cet allié intérieur est bien plus dangereux qu'un ennemi extérieur, précisément parce qu'on ne le voit pas venir.

La Cinquième Colonne

Lors de la guerre civile espagnole, le général Emilio Mola, alors qu'il marchait sur Madrid avec quatre colonnes de soldats, déclara à la radio que sa véritable arme était une *« cinquième colonne »* (*quinta columna*), des partisans déjà infiltrés à l'intérieur de la ville, prêts à agir au moment décisif. Pas besoin d'enfoncer les portes quand des complices les ouvrent de l'intérieur. Cette phrase a provoqué une paranoïa massive à Madrid, car les défenseurs de la ville ne savaient plus qui était un allié et qui était un traître infiltré.

La Chair fonctionne exactement ainsi. Elle n'attaque pas de front. Elle ne se présente pas comme un ennemi. Elle se glisse dans nos motivations les plus nobles, nos ambitions les mieux déguisées, nos réflexes les plus anciens. Pendant que nous repoussons l'assaut extérieur, la tentation, l'oppression, la persécution, elle travaille discrètement depuis l'intérieur, sabotant ce que le Gouverneur construit.

Nourrir complaisamment la chair, c'est inévitablement étouffer l'Esprit et limiter l'action du Gouverneur en nous **(Ga 5 :16).** On ne négocie pas avec une cinquième colonne. On l'identifie, on la nomme, et on l'affame. C'est l'objet de ce chapitre.

Comprendre la Nature de l'Adversaire : Soma et Sarx

Pour remporter ce combat, il faut d'abord cesser de confondre le véhicule et le conducteur. La Bible utilise deux termes grecs que nos traductions fondent trop souvent en un seul.

Le ***Soma***, c'est le corps physique. Une enveloppe fondamentalement neutre, chef-d'œuvre de Dieu, destinée à devenir le Temple vivant du Saint-Esprit **(1 Co 6 :19).** Le Soma est le palais que le Roi veut habiter.

La ***Sarx,*** c'est autre chose. Ce n'est pas notre biologie ; c'est notre nature humaine déconnectée de Dieu, le siège de la rébellion instinctive et de l'indépendance. La Sarx est l'ancien squatteur qui refuse de rendre les clés du palais au nouveau Gouverneur.

Cette distinction change tout dans notre approche spirituelle. On ne peut pas chasser par la prière ce qui doit être maîtrisé par la discipline. La délivrance nous libère de l'oppression ; c'est la gouvernance quotidienne de l'Esprit qui nous maintient libres.

Le Cri de l'Infiltré : Le Dilemme de l'Apôtre Paul

Dans Romains, Paul livre un diagnostic d'une honnêteté brutale. Il constate une force gravitationnelle en lui : *« Car je ne fais pas le bien que je veux, et je fais le mal que je ne veux pas. »* **(Rm 7 :19).** Ce n'est pas la confession d'un chrétien médiocre. C'est le témoignage de l'apôtre le plus formé de sa génération, formidablement instruit, sincèrement converti. Et pourtant. *« Misérable que je suis ! Qui me délivrera de ce corps de mort ? »* **(Rm 7 :24).**

Dans l'Antiquité, certains supplices consistaient à attacher un cadavre au dos d'un prisonnier. Partout où il allait, l'odeur de la décomposition le suivait. C'est l'image de la chair : un poids mort et corrompu qui empoisonne nos aspirations saintes, qui s'accroche à nos pas même quand notre esprit aspire au Roi. La liberté commence quand nous cessons de compter sur nos ressources propres.

Car même les plus avancés dans la foi se retrouvent parfois saisis par une réaction qu'ils croyaient enterrée depuis longtemps. On se surprend à dire : « Je ne pensais plus que j'étais capable de ça. » ou « Cela faisait si longtemps ; je croyais que c'était derrière moi. » Le décalage est brutal : on se retrouve spectateur de sa propre chute, déçu, presque trahi par soi-même.

Et derrière la honte surgit souvent une question plus profonde, presque théologique : « *Si je suis vraiment né de nouveau, pourquoi mon ancienne nature se manifeste-t-elle encore ? Si c'est Christ qui vit en moi* » **(Ga 2 :20),** pourquoi ai-je menti ? Pourquoi ai-je trompé ? Pourquoi ai-je volé ? » C'est le vertige de l'homme nouveau qui découvre que l'homme ancien n'a pas rendu ses clés sans résistance.

Comprendre ce phénomène est essentiel. La chair a une mémoire. Même après des années de discipline, nos vieux mécanismes restent gravés en nous comme des sentiers battus dans une forêt : on a beau ne plus les emprunter, le tracé reste là, prêt à se réactiver à la faveur d'une fatigue, d'un excès de confiance, d'une garde baissée. C'est souvent au moment où l'on se croit le plus solide que la vigilance fléchit.

Mais si vous êtes choqué par votre chute, c'est déjà la preuve que vous avez progressé : il y a dix ans, cette réaction vous aurait semblé normale. Ce n'est pas un retour à la case départ, c'est le thermomètre de votre sanctification. La nouvelle naissance est réelle ; mais elle inaugure un règne, elle ne couronne pas une victoire définitive. La chair ne meurt pas ; elle a le sommeil léger. Et seul celui qui marche dans la lumière est ébloui par le retour de l'ombre.

Le Principe de l'Esprit de Vie : L'Aérodynamisme contre la Gravité

Mais ne soyons pas désespérés : l'apôtre Paul avait découvert une autre loi qui agissait dans ses membres. *« En effet, le principe de l'esprit de vie en Jésus-Christ m'a affranchi du principe du péché et de la mort. »* **(Rm 8 :2).**

Non pas un effort décuplé, mais un principe supérieur qui rend le premier inopérant. Un avion ne supprime pas la gravité ; il utilise une puissance supérieure qui en neutralise les effets. Personne à bord ne lutte contre la pesanteur à coups de volonté : la portance fait le travail. De même, on ne bat pas la chair par la seule discipline, mais en laissant le Gouverneur activer en nous la loi de l'Esprit. La chair est toujours là, comme la gravité est toujours là ; mais elle a perdu sa domination.

C'est la différence entre la délivrance et la sanctification. La délivrance nous sort d'Égypte. Le Principe de l'Esprit de Vie sort l'Égypte de nous.

Le Piège de l'Indépendance : David et Gédéon

Nous avons tendance à croire que les péchés de la chair se limitent à des fautes graves et flagrantes. Pourtant, l'Apôtre Paul en dresse une liste bien plus vaste :

« *Or, les œuvres de la chair sont manifestes, ce sont l'impudicité, l'impureté, la dissolution, l'idolâtrie, la magie, les inimitiés, les querelles, les jalousies, les animosités, les disputes, les divisions, les sectes, l'envie, l'ivrognerie, les excès de table, et les choses semblables. Je vous dis d'avance, comme je l'ai déjà dit, que ceux qui commettent de telles choses n'hériteront point le royaume de Dieu.* » **(Ga 5 :19-21).**

Cependant, la manifestation la plus subtile de la chair n'est ni la débauche, ni la violence : c'est **l'indépendance**. Elle s'avance souvent masquée derrière les traits de la sagesse humaine, du réalisme ou de la responsabilité. Deux portraits bibliques illustrent cette vérité avec une netteté saisissante.

David a voulu dénombrer son peuple **(1 Ch 21 :1).** Rien de choquant en apparence : un roi digne de ce nom connaît ses effectifs. Mais la chair avait pris les commandes. David est passé de la foi aux chiffres, oubliant que la victoire dépendait du Gouverneur et non de ses ressources humaines. L'indépendance a coûté la vie à 70 000 hommes. Le péché de la chair n'est pas toujours visible de l'extérieur. Il se loge dans cette décision prise sans consulter le Roi. *« Pour qu'Israël ne se vante pas contre moi et ne dise pas : C'est ma main qui m'a sauvé. »* **(Jg 7 :2).**

Gédéon, à l'inverse, a vu son armée réduite de 32 000 à 300 hommes par Dieu lui-même. Dieu a délibérément rendu la victoire militairement impossible pour qu'elle soit spirituellement évidente. Trois cents hommes contre une armée innombrable : personne ne pourrait attribuer ce résultat à la force humaine.

La chair crée un bruit de fond constant, agitation, calculs, quête de contrôle qui nous rend sourds à la voix douce du Gouverneur. S'appuyer sur elle mène toujours au même chemin : la stérilité d'abord, l'aveuglement ensuite, la trahison au bout.

Ce piège n'est pas réservé aux héros de l'Écriture. Il est inscrit dans les premières pages de la Bible et se répète de génération en génération. Adam et Ève ont, les premiers, revendiqué cette indépendance vis-à-vis de Dieu. Le fils prodigue a reproduit ce même geste lorsqu'il a réclamé son héritage avant l'heure : il ne demandait pas seulement des biens, il cherchait à s'extraire de l'autorité paternelle, tel un adolescent convaincu que la liberté consiste à se détacher de toute tutelle, sans encore mesurer le prix de cette rupture. Toute tentative d'indépendance spirituelle revient à renvoyer le Gouverneur. Sans l'administration du Royaume en nous, notre autonomie n'est qu'une déconnexion.

De l'Anarchie à la Gouvernance

La sanctification est le processus par lequel le gouvernement de Dieu s'installe progressivement dans chaque département de notre existence : les finances, la sexualité, le temps, les relations. Ce n'est pas une capitulation ; c'est une libération. Car là où la chair gouvernait par l'urgence et l'anxiété, l'Esprit instaure l'ordre. La paix devient le signe que le Gouverneur tient la barre.

Ce processus passe d'abord par un transfert de souveraineté : accepter que le Roi reprenne le contrôle domaine après domaine. Cela ne se fait pas en un seul acte de consécration, aussi sincère soit-il. Cela se négocie au quotidien, dans les petites décisions, dans les moments où la chair propose son raccourci et où nous choisissons de consulter plutôt que d'agir. *« Esprit de Dieu, est-ce que ce projet s'aligne avec Ton plan ? »* Cette question, devenue réflexe, est l'une des disciplines les plus transformatrices qui soit.

Comment Affamer Stratégiquement la Chair

La chair ne disparaît pas par décret. Elle se déshydrate par privation. Trois principes gouvernent cette stratégie.

Un soir, mon collègue Richard m'a confié quelque chose qui m'a d'abord fait sourire puis réfléchir. Il était incapable d'ouvrir un paquet de bonbons sans le finir jusqu'au dernier. Pas par gourmandise ordinaire : par compulsion. Une force qu'il ne comprenait pas, qui avait commencé dans l'enfance et que des décennies n'avaient pas entamée. Il en riait, mais dans ce rire il y avait quelque chose de vrai et de lourd : « Je sais que je ne devrais pas, et je le fais quand même. » Paul l'avait dit bien avant lui : « Je fais le mal que je ne veux pas. » **(Rm 7 :19).** Ce n'est pas une faiblesse de caractère, c'est la chair qui parle. Elle a une voix, un appétit, une mémoire. Et elle se nourrit toujours de quelque chose de précis. Je sais de quoi je parle. Comme je l'évoque dans mon premier ouvrage, Vaincre l'addiction et la dépendance grâce à Jésus, j'ai moi-même longtemps été prisonnier de mes propres dépendances. Des années à mener une guerre intérieure dont j'ignorais même le nom de l'ennemi. Et quand j'ai enfin compris que la délivrance ne suffisait pas, qu'il fallait aussi affamer ce qui restait j'ai dû cartographier froidement chaque canal de ravitaillement de ma chair : certaines fréquentations, certains contenus, certaines solitudes entretenues par habitude. Les couper n'était pas de l'ascétisme ; c'était de la lucidité stratégique. Un soldat qui ravitaille l'ennemi tout en le combattant n'est pas un guerrier : il est un complice involontaire. La question n'est pas : « Suis-je capable de résister ce soir ? » Elle est : « Qu'est-ce que j'ai laissé entrer cette semaine qui nourrit ce que je cherche à affamer ? » Identifier ces canaux honnêtement sans se juger, sans minimiser est le premier acte de gouvernance sur soi-même que le Gouverneur peut bénir.

Le deuxième est la pratique de la *« pauvreté en esprit »* : refuser de compter sur ses propres dons, son expérience ou ses diplômes pour accomplir les choses de Dieu. Cultiver une dépendance enfantine : *« Seigneur, si Tu ne le fais pas, cela ne sera pas fait. »* C'est là où la chair capitule le plus difficilement, car elle confond cette posture avec de la faiblesse. C'est en réalité la forme de force la plus élevée car « *quand je suis faible c'est alors que je suis fort* » **(2 Cor 12 :10).**

Le troisième est le principe du remplacement. On ne vide pas l'obscurité avec un balai ; on l'expulse en allumant la lumière. Plutôt que de lutter contre la chair à mains nues, remplissez l'espace par ce qui nourrit l'Esprit : la Parole, l'adoration, le service, la communion fraternelle. La chair périt par inanition là où l'Esprit est rassasié.

— ✦ —

Conclusion : La Liberté Maintenue

La délivrance nous rend la liberté. C'est la gouvernance de l'Esprit qui nous maintient libres. Ces deux réalités ne sont pas redondantes ; elles sont séquentielles. L'une ouvre la porte, l'autre garde la maison. *« Il faut qu'Il croisse, et que je diminue. »* **(Jn 3 :30)**

La chair sera notre compagne jusqu'au dernier jour. Mais elle n'a plus à être notre maîtresse. Ce n'est pas une défaite. C'est le cri du citoyen qui a enfin compris à qui appartient le Royaume.

Dans le prochain chapitre, nous verrons comment cette même puissance qui brise la chair en nous est capable de briser les barrières entre nous : les préjugés, les divisions, les murs que l'orgueil a érigés au cœur du Corps de Christ.

Chapitre 18 - Le Gouverneur Brisant les Barrières de la Division

L'unité comme témoignage du Royaume

Le Saint-Esprit est ce Gouverneur dépêché par le Ciel sur la Terre. Sa mission n'est pas de s'adapter à nos divisions humaines, mais d'établir la culture d'unité du Royaume de Dieu. Là où les hommes érigent des barrières, le Gouverneur apporte l'ordre d'intégration. Comme l'écrit Paul : *« Le Seigneur est l'Esprit, et là où est l'Esprit du Seigneur, là est la liberté »* **(2 Co 3 :17).** Cette autorité libère plutôt qu'elle n'opprime ; elle unifie sans uniformiser.

Les ordres de l'unité : Trois leçons de l'histoire

Pour comprendre comment une autorité supérieure peut briser les protocoles de la division, observons trois moments où des leaders ont refusé les barrières humaines :

L'autorité de la Royauté (Le Prince Philip) : On raconte qu'au cours d'une visite officielle, le Prince Philip fit face à une foule séparée : les nobles devant et le peuple maintenu derrière des barrières. Refusant cette ségrégation, il ordonna : *« Ôtez ces barrières et laissez tout le monde s'approcher ! »* Il manifestait ainsi que devant la Couronne, chaque citoyen a le même droit de proximité.

La réconciliation nationale (Nelson Mandela) : En 1995, pour unir une Afrique du Sud déchirée par l'Apartheid, Mandela revêtit le maillot des Springboks, symbole de l'ancienne oppression. Par ce geste, il a forcé les barrières de la haine à tomber, prouvant qu'une autorité peut transformer deux peuples ennemis en une seule nation.

Le geste prophétique (Bob Marley) : En 1978, en pleine guerre civile jamaïquaine, Bob Marley appela sur scène les deux leaders politiques rivaux. Devant la foule, il saisit leurs mains et les unit de force au-dessus de sa tête. Il a utilisé son autorité morale pour imposer physiquement la fin d'une division sanglante.

Le Gouverneur à l'œuvre : De Babel à la Pentecôte

À Babel, la division était linguistique. À la Pentecôte, le Gouverneur y avait répondu en faisant de la diversité des langues un vecteur d'unité. Mais il restait une frontière que les langues seules ne pouvaient franchir : la frontière du sang, de l'origine, de l'appartenance ethnique et religieuse. C'est celle-là que le Gouverneur vient abattre dans la maison de Corneille et sa méthode est la même : non pas l'uniformité imposée, mais la compréhension mutuelle dans la diversité. Babel avait fragmenté les peuples. La Pentecôte avait réuni des individus. Chez Corneille, des nations entières entrent dans le Royaume sans condition préalable.

- L'ordre de mission :

Pendant des siècles, une frontière invisible mais infranchissable séparait les Juifs des nations. Pierre lui-même, façonné par des décennies de tradition et de Loi, n'aurait jamais franchi de son propre chef le seuil d'un officier romain. Il a fallu une double intervention du Gouverneur : une vision céleste pour déciller les yeux de l'apôtre, *« Ce que Dieu a purifié, toi ne le dis pas impur »* (**Ac 10 :15**, version Darby) puis une directive explicite lui ordonnant d'accompagner sans hésiter les envoyés de Corneille.

Car Corneille n'était pas un homme ordinaire. Centurion de l'armée occupante, étranger à l'Alliance, il ne possédait aucune des *« clés »* religieuses qui ouvraient ordinairement les portes du Dieu d'Israël. Et pourtant, son cœur criait vers le ciel. Il multipliait les prières et les aumônes, assoiffé d'un Dieu qu'il cherchait sans pouvoir pleinement L'atteindre. C'est précisément cette soif que le Gouverneur a entendue et à laquelle il a décidé de répondre souverainement.

Pierre ne se rend donc pas chez Corneille par courtoisie diplomatique. Il obéit à une juridiction supérieure qui a résolu d'imposer la loi du Ciel sur la terre des hommes et c'est cette même juridiction qui le mandate pour porter à ces païens ce qu'aucune tradition humaine n'aurait pu leur offrir : l'Évangile de vérité, la Bonne Nouvelle du salut offert à toute chair.

➢ L'accès sans conditions

Ceux qui écoutaient Pierre, ce jour-là, n'avaient suivi aucun parcours de purification ni accompli de rite de conversion. Ils n'avaient pas jeûné, ni observé de longues semaines de préparation. En réalité, ils n'avaient aucun mérite religieux à faire valoir, si ce n'est ce désir sincère de rencontrer Dieu. Pourtant, dès qu'ils ont entendu la Parole, le Gouverneur a immédiatement ouvert les portes de la Citoyenneté Céleste.

➢ L'instantanéité du don

C'est ici que le Gouverneur manifeste sa pleine autorité : alors que Pierre parlait encore, avant même la conclusion du sermon, avant l'appel rituel à la repentance, le Saint-Esprit est descendu sur eux. Sans solliciter l'approbation des institutions religieuses de Jérusalem, le Gouverneur a accordé à ces païens assoiffés le même sceau, la même puissance et la même dignité qu'aux apôtres au matin de la Pentecôte.

La leçon est monumentale : à la table du Roi, ce n'est plus votre pedigree ni votre pureté rituelle qui vous donne accès, c'est la signature du Gouverneur, qui reconnaît en vous un enfant de la maison et répond à quiconque cherche Sa face en esprit et en vérité.

Les Lois du Royaume : Une Constitution d'Égalité

Sous la gouvernance du Saint-Esprit, le Royaume de Dieu n'est pas une anarchie, mais un État de droit régi par des lois spirituelles universelles. Attention : ces "lois" ne sont pas des règlements légalistes à observer pour mériter l'appartenance. Ce sont plutôt les principes constitutifs de la réalité du Royaume, l'ordre naturel d'un monde où Dieu règne. Comme Paul l'écrit, Christ *« a renversé le mur de séparation »* et créé *« un seul homme nouveau »* **(Ép 2 :14-16)**, ceci n'est pas une règle à suivre, mais une réalité déjà établie que nous sommes appelés à vivre.

La Loi de la Citoyenneté Unique

Dans ce Royaume, il n'existe pas de "citoyens de seconde zone" ou d'élites spirituelles. La loi est la même pour tous : *« Il n'y a plus ni Juif ni Grec, il n'y a plus ni esclave ni libre, il n'y a plus ni homme ni femme, car tous vous êtes un en Jésus-Christ »* **(Ga 3 :28).**

Le Saint-Esprit veille à ce que personne ne puisse se prévaloir d'un privilège de naissance ou de tradition. Cela signifie qu'un païen fraîchement converti dans la maison de Corneille se tient devant Dieu exactement au même niveau que Pierre, qui a marché trois ans avec Jésus. L'ancienneté spirituelle n'accorde aucun mérite supplémentaire devant le trône.

La Loi de la Soumission Commune

Tout comme dans un pays du Commonwealth, où chaque citoyen est soumis aux mêmes règles constitutionnelles, chaque enfant de Dieu est soumis à la même Loi de l'Esprit de Vie. Il n'y a pas de "super-chrétiens" exemptés des exigences de sainteté ou de l'autorité du Roi.

Le Gouverneur traite le prince et le paysan avec la même rigueur et la même grâce. Concrètement, cela se manifeste ainsi :

Dans l'Église primitive, Paul confronte Pierre publiquement à Antioche **(Ga 2 :11-14)** parce que l'apôtre senior compromettait cette égalité. Aucune position ecclésiastique ne le protégeait de la réprimande.

Dans la discipline, Ananias et Saphira (Actes 5) découvrent que les premiers convertis ne bénéficient d'aucun passe-droit. Le jugement tombe avec la même sévérité que s'ils avaient été des leaders établis.

Dans la grâce, le brigand sur la croix entre au paradis le même jour que sa conversion, sans période probatoire, prouvant que la proximité avec Dieu ne se mesure pas à l'ancienneté dans la foi.

Cette égalité n'impose pas une uniformité rigide. L'Esprit respecte les particularités culturelles légitimes comme Paul qui devient "Juif avec les Juifs, Grec avec les Grecs" **(1 Co 9 :20-22).** Mais ces adaptations servent l'évangélisation, jamais la ségrégation. Paul peut manger casher avec des Juifs et ignorer les restrictions alimentaires avec des païens, mais jamais il ne permettrait que ces différences créent deux classes de chrétiens ou deux tables de communion séparées.

La Loi du Besoin Universel

Cette loi stipule que personne ne peut entrer dans le Royaume par ses propres moyens. L'intégration des païens aux côtés des Juifs a prouvé que tous, sans exception, ont eu besoin du même Sauveur et du même sang. Le Saint-Esprit nivelle le terrain : Il abaisse les montagnes d'orgueil et comble les vallées d'indignité pour que tout le monde marche sur le même chemin.

Les Juifs croyaient posséder un avantage par la circoncision, la Torah, et la lignée d'Abraham. Les païens n'avaient rien de tout cela. Mais dans la maison de Corneille, le Gouverneur démontre que ces avantages ne comptent pour rien dans l'économie du salut. Comme Paul le résume : *« Tous ont péché et sont privés de la gloire de Dieu, et ils sont gratuitement justifiés par sa grâce »* **(Rm 3 :23-24).**

Cette loi protège contre deux erreurs opposées :

L'orgueil religieux : "J'ai été baptisé enfant, élevé dans l'Église, j'ai servi vingt ans, je suis donc plus spirituel que ce nouveau converti." Le Gouverneur répond : "Non. Vous aviez tous deux également besoin du sang de Christ."

Le complexe d'infériorité : "Je viens d'un passé si sombre, j'ai commis des péchés si graves, je ne serai jamais au niveau des 'vrais' chrétiens." Le Gouverneur répond : "Les 'vrais' chrétiens étaient tout aussi perdus que toi. La croix vous a tous également sauvés."

Le Sceau du Gouverneur : La Loi du Cœur

Il est fascinant de noter que dans la structure même des Écritures, le Gouverneur a laissé un indice sur la nature profonde de Sa gestion. En hébreu, la Torah commence par la lettre Beth (ב) du mot **Bereshit** (*« Au commencement »*) et s'achève par la lettre Lamed (ל) du mot Israël.

Lorsque l'on unit la dernière lettre à la première, on obtient le mot **LEV** (לב), qui signifie *« LE CŒUR »*.

Ce n'est pas un hasard. C'est un sceau. Toute la Loi, tous les prophètes, toute l'histoire du salut n'ont qu'une seule finalité : l'Amour. Le moteur de la Loi n'est pas la crainte, c'est le *Lev*.

- La Trahison du Sceau : l'illusion de l'identité

Une question s'impose ici avec une gravité que l'on ne peut esquiver : comment un peuple censé porter l'Amour peut-il en manifester le contraire ? Il est douloureux de constater que certains, tout en se revendiquant du Christ, affichent ouvertement le mépris de l'autre, le racisme ou la haine de l'étranger.

Il faut ici distinguer la doctrine ce que le Royaume enseigne, de ce que les hommes font de la religion lorsqu'ils en font l'instrument de leurs propres peurs. Quand la foi devient une frontière, « je suis sauvé, tu ne l'es pas », elle substitue l'ego au Roi. Ce dilemme n'est pas nouveau. Il se posait déjà au temps de Jésus « qui est mon frère ? » avec la même violence sourde, la même tentation de déshumaniser pour ne pas avoir à aimer. C'est pourquoi Il répond, non par un argument, mais par une image : le Bon Samaritain.

Le Samaritain était l'autre par excellence, l'hérétique, l'étranger, celui que la religion autorisait à mépriser. En le plaçant comme héros, Jésus ne fait pas seulement un geste de tolérance. Il fracasse la hiérarchie de la sainteté apparente et enseigne que la proximité ne se mesure ni à la race, ni au dogme, mais à la capacité d'aimer et de s'émouvoir devant la souffrance.

Puisque chaque homme porte l'imago Dei (l'image de Dieu), mépriser son semblable, c'est insulter Celui dont il est le reflet. Haïr son frère, c'est nier le Lev : c'est refuser que la finalité de toute la Loi soit l'Amour pour lui substituer la pierre. On ne peut prétendre avoir activé son « passeport pour le Royaume » tout en refusant de reconnaître la dignité de celui qui marche à côté de soi. Dans la juridiction de Dieu, la haine n'est pas un trait de caractère tolérable : c'est une contradiction vivante avec la citoyenneté que l'on revendique. Car on ne peut aimer le Roi que l'on ne voit pas, si l'on méprise le citoyen que l'on voit. « *Si quelqu'un dit : J'aime Dieu, et qu'il haïsse son frère, c'est un menteur; car celui qui n'aime pas son frère qu'il voit, comment peut-il aimer Dieu qu'il ne voit pas?* » **(1Jn 4 :20).**

Comment en sommes-nous arrivés à nous détester, même entre chrétiens ? Quand la religion érige des barrières ou construit des murs de séparation et de division, le Seigneur, Lui, jette un pont. Il travaille à cette reconstruction, une vie à la fois, un cœur à la fois, jusqu'au retour du Roi. Dans le Royaume, il n'y a plus de murs de séparation, plus de hiérarchie dans la dignité humaine. Un seul Peuple. Un seul Gouverneur. Une seule Table.

Mon Rêve pour l'Église : Au-delà des Dénominations

Comme Martin Luther King Jr. qui a lutté contre la ségrégation et pour les droits civiques, moi aussi j'ai fait un rêve.

Je fais un rêve pour l'Église de ce siècle. Je rêve d'un jour où les fils et les filles du Royaume ne se définiront plus par l'étiquette de leur dénomination, mais par la signature de l'Esprit dans leur vie.

Nous avons trop longtemps vécu dans des ghettos spirituels, érigeant des clôtures théologiques là où Dieu a tracé des horizons. Nous avons entendu des voix s'écrier : « Moi, je suis de Paul ! », d'autres : « Moi, je suis d'Apollos ! », d'autres encore : « je suis catholique ou évangélique », déclinant des appartenances baptiste, pentecôtiste, orthodoxe ou réformé. En agissant ainsi, nous avons morcelé le territoire du Roi en petites provinces jalouses, oubliant que le Gouverneur n'a pas été envoyé pour gérer des clubs privés, mais pour unifier un Corps. **Or, un corps ne se compose pas d'un seul membre, mais de plusieurs, et c'est précisément dans la singularité de chaque organe que réside la santé de l'ensemble. Nous avons confondu l'unité avec l'uniformité, oubliant que la diversité de nos fonctions est la richesse même de Sa vie en nous.**

- La Vision de l'Unité en Christ

Je rêve d'un jour où le prisme de la dénomination sera brisé pour laisser place au regard de Christ. L'unité ne sera plus une option diplomatique, mais une réalité gouvernementale. Comme dans le Commonwealth, où plusieurs nations gardent leur identité mais répondent à une seule Couronne, l'Église doit apprendre à manifester sa diversité sans compromettre son unité. La question ne sera plus : *« De quelle église viens-tu ? »*, mais *« Quel Esprit t'anime ? »*.

Lorsque nous cessons de nous regarder à travers nos bannières confessionnelles, nous commençons enfin à voir la stature de Christ en l'autre. Le Saint-Esprit, en tant que Gouverneur, ne reconnaît pas les frontières que nos traditions ont dessinées. Il ne descend pas sur une « dénomination », Il descend sur ceux qui croient. *« Car nous avons tous été baptisés dans un seul Esprit, pour former un seul corps »* **(1 Co 12 :13).**

➢ L'Appel à la Citoyenneté Céleste

Il est temps que les chrétiens cessent d'être des "patriotes de clocher" pour devenir des citoyens du Royaume. Notre identité n'est pas dans nos registres de membres, elle est dans le Livre de Vie. Le Gouverneur nous appelle à sortir de nos barrières de sécurité pour nous tenir, comme la foule devant le Prince Philip ou les partisans de Mandela, sur le seul terrain qui ne tremblera jamais : Christ en nous, l'espérance de la gloire (**Col 1 :27**).

—✦—

Conclusion : Une seule nation, un seul Sauveur

Le Saint-Esprit, en tant que Gouverneur, a intégré les païens et tous ceux qui croient à l'Église. Il a fait tomber les privilèges pour établir une citoyenneté basée uniquement sur la foi. Comme un souverain qui ordonne d'écarter les grillages pour laisser le peuple s'approcher, le Saint-Esprit nous appelle tous à la même proximité avec le Trône.

Sous Sa gouvernance, les barrières sont supprimées : nous sommes un seul peuple, un seul corps, sous une seule Loi. Cette unité n'efface pas nos histoires, nos cultures ou nos personnalités, elle les rachète et les oriente vers un seul Roi. L'ancien Juif et l'ancien païen ne deviennent pas identiques, mais ils deviennent égaux. Ils apportent leurs différences à une table commune, où un seul pain est rompu et une seule coupe est partagée.

C'est la liberté que le Gouverneur apporte : non pas la liberté de faire ce que nous voulons, mais la liberté d'être ce que nous sommes vraiment, des enfants du Roi, héritiers du Royaume, citoyens d'une nation éternelle où aucun mur ne subsiste, sinon celui qui nous sépare du péché et de la mort.

Le Gouverneur a parlé. Les frontières sont abolies. Le Cœur bat à l'unisson. Bienvenue dans le Royaume.

Les murs entre les hommes sont tombés.

Il en reste un. Le plus tenace.

Celui que chaque croyant dresse entre lui et la grâce.

Le mur du dossier jamais assez propre.

Chapitre 19 - Le Regard du Gouverneur

De la Performance à la Position : Vivre depuis l'Identité

Dans l'administration d'un royaume terrestre, un citoyen peut redouter la visite d'un haut dignitaire s'il sait que ses comptes sont en désordre. De la même manière, de nombreux croyants vivent dans une crainte paralysante vis-à-vis du Saint-Esprit. Ils Le perçoivent comme un inspecteur sévère venu auditer leurs failles, alors qu'Il est le Gouverneur bienveillant envoyé pour établir la culture du Royaume.

Cette peur naît d'une confusion fondamentale : ils croient que Dieu les évalue selon leur performance, ce qu'ils font, alors que le Gouverneur ne les reconnaît que selon leur position, qui ils sont en Christ. Ce chapitre est l'invitation à sortir du tribunal intérieur pour entrer dans le repos de l'identité.

La Leçon de Balaam : Quand Dieu Refuse de Voir le Péché

L'histoire de Balaam dans les Nombres, révèle un principe juridique qui renverse notre compréhension naturelle de la sainteté. Balaam est un prophète mercenaire engagé pour maudire Israël. Il se heurte à une impossibilité spirituelle. Dieu lui impose de dire : *« Il n'aperçoit point d'iniquité en Jacob, Il ne voit point d'injustice en Israël ; l'Éternel, son Dieu, est avec lui. »* **(Nb 23 :21).**

À ce moment précis, Israël murmurait et doutait dans le désert. Le peuple était loin d'être irréprochable. Pourtant, Dieu refuse l'accusation. Pourquoi ? Parce que Balaam regardait le camp d'en bas, tandis que Dieu le regardait d'en haut.

Israël campait selon une disposition précise autour du Tabernacle. Vu des hauteurs, ce campement formait une croix parfaite. Ce que Balaam contemplait depuis la montagne était une préfiguration du Calvaire, le dessein éternel de Dieu accompli dans le sang. Dieu proclamait l'identité établie par l'Alliance, et non l'état visible du peuple. Il ne regardait ni les efforts du peuple, ni leurs prétendues bonnes œuvres. Il en était déjà ainsi lors de la dixième plaie d'Égypte : ce n'est pas la bonne conscience des Hébreux qui les a sauvés, mais uniquement le sang de l'agneau sur les linteaux de leurs portes. La justice de Dieu ne cherchait pas un peuple méritant, elle cherchait un signe d'Alliance.

Balaam contemple le camp d'Israël depuis les hauteurs (Nb 22-24)

C'est là le principe juridique le plus libérateur de toute l'Écriture : on ne peut pas maudire ce que Dieu a béni. Si Dieu refuse de voir l'iniquité parce qu'elle est couverte par le sang de l'Alliance, l'accusation devient légalement irrecevable devant le tribunal céleste. Le Gouverneur applique le verdict de la Croix : **Non coupable**.

Jacob et Israël : L'État Face à la Position

Cette tension entre ce que Dieu voit et ce que nous ressentons rejoint directement le combat entre la chair et l'Esprit exploré dans les chapitres précédents.

- Jacob, c'est votre état visible : vos émotions, vos luttes, votre chair.
- Israël, c'est votre identité immuable : l'homme nouveau, scellé par le Gouverneur.

Ces deux noms ne désignent pas deux personnes différentes. Ils désignent deux réalités simultanées en vous. *« J'ai été crucifié avec Christ ; ce n'est plus moi qui vis, c'est Christ qui vit en moi. »* **(Ga 2 :20)**.

Juridiquement, Jacob est déjà mort. Le problème est que nous continuons de lui organiser des funérailles chaque matin, comme s'il fallait le tuer à nouveau par nos efforts. Tant que vous essayez de tuer Jacob par la discipline et la performance, vous restez dans l'épuisement. Quand vous acceptez que Jacob soit mort à la Croix, vous entrez dans le repos de votre position.

Même Kathryn Kuhlman, dont le ministère a été marqué par des miracles extraordinaires, a longtemps porté le poids de ses échecs passés. Pendant des années, elle a tenté de rendre Jacob présentable devant Dieu. Ce n'est qu'au jour où elle a accepté la mort de son « *Jacob* » que le Gouverneur a pu opérer pleinement à travers elle. Le Gouverneur ne peut pas habiter à l'aise dans une vie où l'hôte continue de se juger. Il veut un collaborateur, non un accusé.

Cher lecteur, il est temps de cesser de vous regarder à travers vos défauts, et de commencer à vous voir au travers du sacrifice de Christ. Le Seigneur ne voit plus en vous Jacob (l'homme qui lutte et qui chute), mais Israël : un prince devant Dieu.

Posez-vous cette question avec honnêteté : Comment pensez-vous que Dieu vous voit ? C'est depuis cette réponse que naît, ou que s'étouffe, toute votre vie de prière et de relation avec Lui.

Le Regard qui recrée

Il existe une question que le Gouverneur pose silencieusement à chaque citoyen du Royaume, et à laquelle le monde entier s'efforce de répondre à sa place : Qui es-tu vraiment ?

Le monde a ses réponses. Il les distribue tôt dans les salles de classe, dans les regards des parents, dans les bulletins et les échecs accumulés. Il fabrique des étiquettes avec une efficacité redoutable : médiocre, limité, trop lent, pas assez. Et ce qui est terrifiant, ce n'est pas que ces étiquettes soient vraies. C'est que nous finissons par les croire.

On raconte qu'un jour, le jeune Thomas Edison rentra de l'école avec une lettre pour sa mère. Il lui dit : « Mon instituteur m'a donné ce papier et m'a dit de ne le donner qu'à toi. »

Sa mère, Nancy Edison, ouvrit la lettre, la lut en silence, puis ses yeux s'emplirent de larmes. Elle lut ensuite la lettre à voix haute pour son fils : « Votre fils est un génie. Cette école est trop petite pour lui et nous n'avons pas d'assez bons enseignants pour l'instruire. Veuillez l'éduquer vous-même. »

C'est ce qu'elle fit. De nombreuses années plus tard, après la mort de sa mère, Edison devenu l'un des plus grands inventeurs du siècle, fouillait dans les archives familiales. Il trouva une vieille lettre pliée dans un tiroir. C'était celle de son instituteur. Elle disait en réalité : « Votre fils est un ***"addled"*** (un esprit brouillé). Nous ne pouvons plus l'autoriser à fréquenter notre école. Il est renvoyé. » Edison pleura pendant des heures, puis il écrivit dans son journal : « Thomas Alva Edison était un enfant protégé par une mère héroïque qui, d'un enfant "brouillé", a fait le génie du siècle. »

Ce n'est pas simplement une belle histoire. Edison n'est pas devenu le reflet de son dossier scolaire ; il est devenu le reflet du regard de sa mère.

Le Gouverneur est comme cette mère : il voit délibérément ce que vous pouvez devenir plutôt que ce que vous avez raté. Il appelle les choses qui ne sont pas comme si elles étaient. Il a toujours travaillé ainsi : un berger devient roi, un pêcheur devient le fondement d'une Église, un persécuteur devient l'apôtre des nations.

Lorsque vous ôtez les lunettes du monde et que vous commencez à vous voir comme le Gouverneur vous voit, quelque chose se met en mouvement qui ne ressemble à rien de ce que la volonté seule peut produire. Ce n'est pas de l'optimisme. C'est une recréation. Voir comme Dieu voit : c'est le premier acte de la citoyenneté.

Le Péché Impardonnable : Démystification et Assurance

Pourtant, certains croyants résistent à ce regard bienveillant. Non pas par manque de désir, mais parce qu'ils portent une conviction intérieure tenace : celle d'avoir commis quelque chose d'irréparable. Ils vivent dans l'ombre d'une question qui ne les quitte pas et si Dieu ne pouvait plus me voir autrement que dans ma faute ?

Peu de sujets provoquent autant d'angoisse chez les croyants sincères que le *« blasphème contre le Saint-Esprit »* **(Mt 12 :31-32).** Des hommes et des femmes profondément pieux ont parfois passé des années dans une terreur spirituelle à se demander s'ils avaient franchi cette ligne invisible et irrémédiable.

Jésus prononce ces mots dans un contexte très précis : les Pharisiens viennent d'attribuer délibérément une guérison opérée par l'Esprit à la puissance de Satan. Ce n'est pas un acte impulsif, un doute, une rechute ou une pensée intempestive. C'est un rejet obstiné, conscient et délibéré de la lumière. Un endurcissement si complet que la personne ne désire même plus le pardon. Ce péché-là n'est pas impardonnable parce que Dieu refuserait de pardonner ; il est impardonnable parce que celui qui l'a commis ne demandera jamais pardon.

Il ne s'agit donc pas du doute de Thomas, qui questionnait mais cherchait. Ni de la rechute de Pierre, qui reniait mais pleurait. Ni de ces pensées intrusives et horrifiantes qui assaillent parfois un croyant au moment de la prière : si ces pensées vous horrifient, c'est précisément la preuve que votre cœur est encore sensible à la sainteté.

La clé d'or est ici : si vous craignez d'avoir commis ce péché, vous ne l'avez pas commis. Celui qui a véritablement blasphémé ne s'en inquiète pas ; il s'en moque. Votre angoisse est la preuve que le Gouverneur travaille encore en vous. L'âme qui s'interroge n'est pas une âme morte : c'est une âme vivante qui cherche la lumière.

La Persistance de l'Onction : De Samson à Pierre

Cette assurance de ne pas être disqualifié par une chute se confirme dans les trajectoires de Samson et de Pierre. Tous deux ont vécu l'expérience de la faillite personnelle, mais ils illustrent la fidélité d'un Dieu qui ne révoque pas Son appel au premier cri de détresse.

Samson représente la déchéance la plus brute. Prisonnier, aveugle et tourné en dérision par ses ennemis, il semble avoir tout perdu par sa propre faute. Pourtant, l'Écriture note avec une discrétion prophétique que *« les cheveux de sa tête commençaient à repousser »* **(Jg 16 :22)**. Dès que les conditions de son alliance sont rétablies, Dieu répond à son ultime prière. Même au cœur des conséquences de son péché, la force surnaturelle revient. Dieu n'attendait pas que Samson redevienne parfait pour agir ; Il attendait simplement qu'il se souvienne de sa source.

Pierre, quant à lui, brise la performance spirituelle par excellence : la loyauté envers le Maître. Son reniement aurait pu être l'acte final de sa vie de disciple. Pourtant, avant même la faute, le regard du Gouverneur s'était posé sur lui avec une intercession préventive : *« J'ai prié pour toi, afin que ta foi ne défaille point »* **(Lc 22 :32)**. Jésus ne l'a pas restauré parce qu'il avait réussi l'examen de la fidélité, mais parce qu'il l'avait déjà établi dans sa position de "roc".

Que ce soit Samson dans la poussière de Gaza ou Pierre en pleurs dans la cour du souverain sacrificateur, le message est identique : votre état de chute ne définit pas votre position de fils. Le Gouverneur ne se retire pas parce que vous avez trébuché ; Il attend le moment où, comme Samson, vous crierez vers Lui, ou comme Pierre, vous rencontrerez Son regard de grâce pour vous relever.

La Justice du Gouverneur : L'Héritage de Ruth

Certains ne craignent pas d'avoir commis un péché spécifique, mais ils portent le sentiment diffus d'être indignes par nature, par leur passé, leur lignée, leur histoire. L'histoire de Ruth parle directement à ceux-là.

Ruth est Moabite. Or la Loi était explicite : *« L'Ammonite et le Moabite n'entrera pas dans l'assemblée de l'Éternel. »* (**Dt 23 :3).** Par sa naissance, elle était légalement exclue. Dieu ne regarde pas sa lignée impure ; Il regarde sa position de foi. Ruth finit par devenir l'aïeule de David, et par là même l'ancêtre du Roi des rois. *« Christ nous a rachetés de la malédiction de la loi…afin que la bénédiction d'Abraham eût pour les païens son accomplissement en Jésus-Christ, et que nous reçussions par la foi l'Esprit qui avait été promis. »* **(Ga 3 :13-14).**

La promesse que Dieu avait faite à Abraham n'était pas une question de terre ou de descendants physiques. Le but ultime de cette bénédiction était de préparer le chemin pour que nous puissions recevoir l'Esprit qui devait être envoyé par le Père.

Recevoir l'Esprit c'était donc toucher l'accomplissement final d'une promesse vieille de plusieurs millénaires. Le Gouverneur n'est pas venu habiter en vous malgré votre passé. Il est venu parce que la malédiction a été ôtée. Vous n'êtes pas un intrus dans la famille du Roi : vous en êtes l'héritier légal. Pas par mérite, mais par Alliance.

— ✦ —

Conclusion : La Fin du Tribunal Intérieur

Ne craignez plus de laisser le Gouverneur prendre le contrôle de votre vie intérieure. L'ennemi cherchera toujours à vous ramener à Jacob, à vos échecs, à vos incohérences, à ce que vous n'êtes pas encore. Mais le Gouverneur ne cesse de vous rappeler qui vous êtes déjà : Israël, l'héritier de l'Alliance, le temple vivant du Roi.

La sentence est déjà tombée au Calvaire : *« Non coupable. Pleinement justifié. Éternellement aimé. »* Le Gouverneur a parlé. Le verdict est final. Votre position est établie. « *Approchons-nous donc avec assurance du trône de la grâce »*. **(Hé 4 :16).**

Le Gouverneur vous voit. Et il ne voit aucune iniquité en vous. Vivre depuis l'identité plutôt que depuis la performance : c'est l'une des libérations les plus profondes que le Gouverneur puisse opérer en un croyant. Car un citoyen qui connaît sa position n'a plus peur. Et un citoyen qui n'a plus peur est enfin libre d'aimer.

Au terme de ce parcours, une réalité s'impose avec clarté : le Saint-Esprit n'est pas un supplément d'âme pour croyants avancés. Il est le souffle sans lequel aucune vie chrétienne authentique n'est possible. Marcher selon l'Esprit, c'est apprendre à vivre depuis l'intérieur, guidé, transformé, envoyé. Non plus par obligation, mais par amour. Non plus seul, mais accompagné du meilleur des gouverneurs, devenu le plus proche des amis.

PARTIE V : TÉMOIGNAGE ET CONCLUSION

Chapitre 20 - Dénouement et prières

Le dénouement final : L'Invitation à la Rencontre

Cet ouvrage touche à sa fin, mais votre voyage, lui, ne fait que commencer. Mon espoir le plus profond est de vous avoir communiqué bien plus que de simples connaissances : je souhaite vous avoir transmis l'envie irrépressible de devenir un citoyen actif du Royaume et un ami intime du Gouverneur.

Au début de mon cheminement, je croyais en Dieu, mais Il me semblait lointain, presque inaccessible, caché derrière les nuages d'un protocole que je ne maîtrisais pas. Je ne comprenais pas réellement qui était l'Esprit. Pour moi, Il n'était qu'une force abstraite.

Lorsque j'interrogeais mes parents à ce sujet, ils me répondaient qu'Il était "la main de Dieu". Je ne saisissais pas Son rôle. Je reconnaissais sans peine le Père et le Fils ; je comprenais la relation et le rôle de chacun, étant moi-même l'enfant de quelqu'un, mais l'Esprit restait un mystère.

Dans beaucoup d'assemblées aujourd'hui, le Saint-Esprit est le plus évoqué, mais le moins connu. Ils parlent de : feu, de puissance, d'atmosphère, d'onction, de sensation.

Mais très peu parlent de sa personne. Et malheureusement le résultat est qu'on ne marche pas avec Lui... On court après des manifestations. Et quand la perception est fausse, la relation devient impossible. Si vous voyez le Saint-Esprit seulement comme une puissance : vous allez tôt ou tard chercher à l'utiliser. Mais si vous comprenez qu'Il est une personne : vous apprendrez à marcher avec Lui !

Tout a changé pour moi le jour où j'ai découvert qui Il est vraiment. Des ouvrages comme *« Bonjour Saint-Esprit »* ou *« Bienvenue Saint-Esprit »* du pasteur Benny Hinn qui ont agi comme des déclencheurs : j'y ai découvert qu'Il n'était pas une influence ou un simple prolongement de la main divine, mais une Personne à part entière. À la suite de cette lecture, j'ai pris une décision simple mais révolutionnaire : Le rencontrer et Le recevoir. Je désirais Le connaître personnellement. Je dévorais ma Bible. Je me suis mis à la lire intensément chaque jour, scrutant la moindre ligne à la recherche d'un signe du Seigneur.

Je me souviens d'un soir où j'ai prié de toutes mes forces pour recevoir Son Esprit. J'étais assoiffé ! Je désirais vraiment une rencontre personnelle. Mais celle-ci n'a pas été immédiate ni spectaculaire ; pourtant, dès cette nuit-là, le monde a changé de couleur.

Peu après cet événement, je méditais sur le passage où Jésus guérissait un aveugle avec sa propre salive. Je me rappelle encore cet instant comme si c'était hier. Je partais au travail et j'empruntais le métro parisien. J'étais à la station Porte des Lilas. Alors que je m'interrogeais sur l'origine et la signification de ce miracle, j'ai ressenti une présence invisible se tenir devant moi ; soudain, j'ai eu l'impression qu'une épée venait de percuter mon esprit.

J'ai alors saisi instantanément la portée de ce passage des Écritures. Depuis ce jour mémorable, chaque fois que je me plonge dans la Bible, la « lettre » devient vivante. Dès que j'avais une interrogation ou une incompréhension, j'interrogeais l'Esprit. C'était comme s'Il me prenait par la main pour me conduire au Christ, m'expliquant Son œuvre au travers des écritures.

Comme pour les disciples d'Emmaüs, mon cœur s'est mis à brûler : « *Notre cœur ne brûlait-il pas au-dedans de nous, lorsqu'il nous parlait en chemin et nous expliquait les Écritures ?* » **(Lc 24 :32)**. À partir de ce moment, je ne me suis plus contenté de lire la Bible ; j'ai commencé à la méditer, et le Seigneur m'a révélé de précieuses choses. Car si « *les choses cachées sont à l'Éternel* », *la gloire des rois est de les découvrir*. **(Pr 25 :2).**

Sur les conseils de mon cousin Carl, serviteur de Dieu aguerri et fidèle compagnon de prière, j'ai décidé de noter systématiquement toutes les révélations que le Seigneur me donnait afin de ne pas les oublier. Ces notes ont, par la suite, constitué la source des trois quarts de mes ouvrages.

J'ai compris alors que Jésus n'était pas venu créer une religion, mais établir Son Royaume. En changeant de perspective, j'ai cessé de voir le Saint-Esprit comme une force lointaine pour Le reconnaître comme le Gouverneur et l'Intendant de ce Royaume dans ma propre vie. Il m'a accompagné à chaque étape, devenant un conseiller fidèle dans mon travail, mes relations et ma vie amoureuse. Le

Seigneur se laisse trouver lorsque nous Le cherchons de tout notre cœur. La promesse est là, immuable : "**Cherchez, et vous trouverez ; frappez, et l'on vous ouvrira**". Je grandissais à mesure qu'Il se révélait à moi.

C'est là que réside la véritable différence avec mon existence passée : avec l'Esprit, je me suis ouvert à une espérance nouvelle, celle du Salut. J'avais conscience de la fragilité de l'existence et du fait que l'on peut rejoindre la patrie céleste à tout moment. Avec mes frères et sœurs, nous aimions méditer sur la vie ; nous savions que nous étions soumis aux mêmes lois naturelles que tout le monde, le soleil brille pour les bons comme pour les méchants, mais notre foi nous donnait une ancre pour tenir bon dans l'épreuve.

La Consolation : Une Force Tranquille

Cette force, c'est ce que j'appelle la consolation de l'Esprit. Elle n'est pas une émotion passagère, ni un simple soulagement, c'est une puissance sereine qui s'installe au plus profond de l'être. Dans la souffrance, elle ne supprime pas la douleur, mais elle donne la force de la traverser sans perdre l'espérance. Dans le doute, elle dépose une certitude intérieure que l'intelligence seule ne peut produire : cette paix qui dépasse tout entendement.

Elle se distingue du bien-être psychologique en ceci : le bien-être dépend des circonstances, il se nourrit de réussites et de moments favorables. La consolation de l'Esprit, elle, ne dépend de rien de tout cela. Elle peut surgir au milieu du deuil, de l'échec ou de la maladie, précisément là où toute raison de se réjouir a disparu. Et au lieu de nous replier sur nous-mêmes, elle nous ouvre aux autres : elle devient un moteur d'amour, de pardon et de service. On peut ainsi être brisé en surface et habité d'une paix profonde au fond de l'âme.

Même dans les moments de *« désolation »*, ces périodes de sécheresse où Dieu semble absent, l'Esprit travaille. Il nous apprend à ne pas aimer seulement les cadeaux de Dieu, mais le *« Dieu des consolations »*. Il est ce secours invisible qui prend le relais lorsque nos mots s'épuisent et que notre intelligence défaille. Comme le dit l'apôtre Paul *« De même aussi l'Esprit nous aide dans notre faiblesse, car nous ne savons pas ce qu'il nous convient de demander dans nos prières. Mais l'Esprit lui-même intercède par des soupirs inexprimables. »* **(Rm 8 :26).**

C'est ici que le Gouverneur devient pleinement le Paraclet : celui qui est appelé à nos côtés, non pas pour juger la qualité de notre liturgie, mais pour traduire les cris silencieux de notre cœur en une intercession parfaite devant le Père. J'ai découvert que nos gémissements et nos larmes ne sont pas des signes de défaite, mais de véritables formes de prière.

La Joie : Le Signe du Royaume

Si cette consolation est le remède, la joie, elle, est la pleine santé de l'âme. Le Saint-Esprit ne console pas seulement pour *« réparer »* nos tristesses, Il le fait pour libérer une joie qui ne dépend pas des circonstances. C'est une joie *« malgré »* et non *« parce que »*. Elle fleurit sur un terrain aride, là où la gaieté naturelle s'éteindrait faute de raisons d'exister.

La consolation agit comme un baume, mais une fois la douleur apaisée, l'âme entre naturellement en louange. Saint Paul le soulignait avec force : *« Nous nous glorifions même dans les tribulations »* **(Rm 5 :3**). Ce n'est pas un goût pour la souffrance, c'est la certitude que l'amour de Dieu est plus réel que la douleur présente. Cette joie est notre boussole : elle est humble, communicative et durable. Comme on le dit souvent : « La joie est le ciel qui se donne à nous dans la consolation ; elle est l'écho de l'éternité dans le temps présent. »

L'Esprit en action : Un témoignage de puissance

Mon aventure avec le Gouverneur ne s'est pas arrêtée à la compréhension et la révélation de la parole de Dieu. Je me souviens particulièrement de la première fois où j'ai été conduit à imposer les mains. Dans notre église, nous avions l'habitude de nous réunir les lundis et les jeudis, non seulement pour les répétitions de la chorale, mais aussi pour intercéder intensément pour notre assemblée.

Ce jeudi-là, la louange fut d'une telle intensité que la présence du Gouverneur était devenue presque palpable. L'onction était si puissante qu'un frère commença à manifester un profond tourment spirituel, rappelant le récit biblique de l'enfant épileptique dont le père s'était jeté aux pieds de Jésus **(Mt 17 : 14 -21)**. Les équipiers de prière l'avaient entouré, priant avec ferveur, mais la manifestation redoublait de violence. De l'extérieur, la scène était saisissante : au milieu de cette agitation, le frère criait, sous l'emprise de forces des ténèbres.

Venant tout juste d'intégrer le groupe d'intercession, je me suis levé pour lui porter assistance. En le regardant se débattre, une profonde tristesse m'a envahi, non pas la peur, mais une compassion que je n'avais pas convoquée. Je murmurais intérieurement : *« Seigneur, regarde comment l'ennemi malmène Ton enfant. Vois comme le péché sème la ruine et la souffrance. Même ceux qui Te servent peuvent être ainsi tourmentés. »*

Subitement, le frère s'est rué vers moi. Pensant qu'il allait chuter violemment, j'ai instinctivement tendu les bras pour le retenir. À l'instant précis où il est tombé contre moi, une prière a jailli du plus profond de mes entrailles, non pas formulée, mais arrachée : *« Seigneur Jésus, aie pitié de ton enfant qui souffre. »*

La manifestation s'est arrêtée sur-le-champ, dans un silence absolu. L'assemblée était sous le choc. En rentrant chez moi ce soir-là, je me posais encore des questions sur ce qui venait de se produire. Le Gouverneur avait manifesté à travers moi, simple novice, l'un de Ses dons : celui de la délivrance. Non par ma compétence, mais par Son initiative.

Depuis cet événement, j'ai appris à prier avec le groupe d'intercession en laissant le Gouverneur tenir les commandes. J'ai vu la gloire de Dieu se manifester de façon répétée, confirmant une vérité que ce livre entier a cherché à établir : Il est le même, hier, aujourd'hui et éternellement. Ce qu'Il accomplissait autrefois sur les rives de la Galilée, Il continue de l'opérer aujourd'hui, à travers nous, simples serviteurs dès lors que nous Lui cédons la place.

Apprendre à Entendre le Gouverneur

Mais je dois être honnête : tout n'a pas été immédiat. Il y a eu une dimension de cette relation qui m'a longtemps résisté, celle de l'écoute.

J'attendais de Dieu qu'Il me réponde comme on répond à une question posée à voix haute. Je Lui parlais, et j'espérais une réponse instantanée, claire, audible. Je restais parfois de longues minutes dans le silence, aux aguets, scrutant le moindre signe intérieur. Rien. Ou du moins, rien que je savais reconnaître. L'exercice était difficile, presque décourageant. Comment entendre le Gouverneur ? Comment discerner Sa volonté parmi le bruit de mes propres pensées, de mes désirs, de mes craintes ?

Le plus ardu n'était pas d'écouter, c'était d'aligner ma pensée à la Sienne. Entrer en résonance avec Dieu demande un renoncement que l'on ne mesure qu'en le pratiquant : celui de ses propres certitudes, de ses attentes, de son agenda personnel. J'avais beau tendre l'oreille, tant que je cherchais à entendre ce que je voulais entendre, le canal restait brouillé.

Et puis, progressivement, j'ai appris à reconnaître Ses voies, qui ne ressemblaient pas toujours à ce que j'imaginais. Tantôt c'était un verset de la Bible qui s'illuminait soudainement, comme si ces mots avaient été écrits pour ce moment précis. D'autres fois, la réponse venait par la bouche d'un ami, d'un mentor, d'un parent, une parole prononcée sans qu'ils en sachent la portée, et qui tombait exactement là où la question brûlait. Parfois encore, c'était un songe qui portait une clarté étrange au réveil. Et plus rarement, mais de façon inoubliable, une voix intérieure si puissante, une conviction si absolue, que tout doute devenait impossible. On savait. On savait simplement que le Seigneur venait de répondre.

J'ai compris alors que le Gouverneur ne Se tait pas, c'est notre oreille qui doit s'éduquer. Il parle le langage de l'intimité, non celui de la démonstration. Et cette école de l'écoute, aussi exigeante soit-elle, est l'une des plus belles aventures que la vie avec l'Esprit nous réserve.

L'Esprit, Agent de la Volonté Divine

Avant de refermer ce livre, il reste une vérité capitale à graver dans votre cœur. Lorsque les disciples ont demandé à Jésus de leur apprendre à prier, Il leur a donné le *« Notre Père »*. Dans cette prière, nous demandons : *« Que ta volonté soit faite sur la terre comme au ciel. »* Mais comment cela est-il possible ? Comment la volonté parfaite de l'Éternité peut-elle s'incarner dans notre réalité souvent imparfaite ?

La réponse est là : le Saint-Esprit est la Personne de la Trinité qui rend cette volonté opérationnelle. Sans Lui, le Royaume reste un concept ; avec Lui, il devient une réalité tangible. Ne tombez pas dans le piège de vouloir servir le Roi par vos propres efforts. Rappelez-vous toujours cette parole :*« Ce n'est ni par la puissance ni par la force, mais c'est par mon Esprit, dit l'Éternel des armées. »* **(Za 4 :6).**

C'est par Lui, et par Lui seul, que vous marcherez pleinement dans votre destinée de citoyen du Royaume des cieux.

✦ ✦ ✦

Prière pour le Lecteur

Seigneur Dieu, Père des Lumières, je Te remercie pour chaque lecteur et chaque lectrice qui tient cet ouvrage entre ses mains. Je Te prie pour que les mots déposés ici ne restent pas de l'encre sur le papier, mais qu'ils deviennent une semence de vie dans leur âme.

Saint-Esprit, mon ami Gouverneur, je Te présente ce frère, cette sœur qui achève cette lecture. Comme Tu l'as fait pour les disciples sur le chemin d'Emmaüs, viens ouvrir son intelligence aux Écritures et fais brûler son cœur d'un amour nouveau pour le Roi Jésus.

Seigneur, je Te demande de briser les barrières de la religion et de la peur. Que l'accès au « Bureau Ovale » céleste devienne pour lui une réalité quotidienne et naturelle. Prends sa main, conduis-le dans toute la vérité et révèle-lui les secrets du Royaume.

Toi qui es Celui qui maîtrise le tohu-bohu des origines, viens par Ton Esprit apaiser le chaos intérieur. Calme les tempêtes de son âme et fais de lui un véritable temple où Tu puisses demeurer.

Portes, élevez vos linteaux ! Élevez-vous, portes éternelles ! Que le Roi de Gloire fasse Son entrée avec puissance et autorité. Saint-Esprit, prends le contrôle et visite chaque espace de Ta sainte présence. Que toute montagne s'abaisse devant la connaissance du Christ, et que les sentiers soient redressés pour que Ta gloire soit révélée.

Père, que Ton Royaume s'établisse dans cette vie. Que Ton Esprit y déploie Sa paix, Sa joie et Sa puissance, faisant de chaque jour une communion ininterrompue avec Celui qui ne nous quitte jamais. Fais de ce lecteur un témoin, un Ambassadeur pleinement établi dans Ton Royaume. Qu'il porte beaucoup de fruit et manifeste les dons que Tu voudras exercer au travers de lui.

Qu'à partir de maintenant, sa vie ne soit plus jamais la même. Qu'il aille de victoire en victoire et de gloire en gloire, au nom puissant de Jésus.

Amen.

✦ ✦ ✦

Prière de Citoyenneté et Accueil du Gouverneur

Si vous désirez aujourd'hui passer de la théorie à la vie, je vous invite à faire cette prière avec foi et détermination :

« Seigneur Jésus, je reconnais aujourd'hui que j'ai vécu trop longtemps selon mes propres lois, loin de Ton Royaume. Je crois que Tu es mort et ressuscité pour moi, et que Ton sang versé est le prix qui a racheté ma liberté.

Aujourd'hui, je dépose officiellement ma demande de naturalisation. Je renonce à mon ancienne citoyenneté pour faire allégeance au Royaume de Dieu. Je Te donne le trône de ma vie.

Saint-Esprit, Toi que j'appelle désormais mon Ami et mon Gouverneur, je T'invite solennellement dans mon temple. Je ne veux plus que Tu sois un simple visiteur de passage, mais le Résident permanent de mon cœur. Prends Tes fonctions. Enseigne-moi la culture du Ciel, guéris mes blessures, et revêts-moi de Ta puissance (Dunamis) et de Ton audace (parrhēsia). Je me rends disponible pour Ta stratégie et Tes plans.

Merci Père, car je suis désormais Ton enfant, scellé pour l'éternité. Amen. »

Glossaire

I. La Trinité et Dieu

Trinité : Un seul Dieu existant éternellement en trois Personnes distinctes : le Père, le Fils et le Saint-Esprit. Non trois dieux, non trois masques d'un même acteur, mais trois Personnes partageant une seule et même essence divine. La Trinité n'est pas une formule abstraite : elle révèle que Dieu est, par nature, relation, dialogue et amour.

Père : La première Personne de la Trinité, source et origine de toute chose. Celui qui envoie, qui planifie et qui aime de façon initiale. Il est la Glace dans l'analogie de l'eau : Sainteté si absolue que, sans médiation, sa pureté anéantirait l'imperfection.

Fils / Jésus-Christ : La deuxième Personne de la Trinité, qui s'est faite pleinement homme sans cesser d'être pleinement Dieu. Dieu rendu visible, touchable, compréhensible. Il est l'Eau dans l'analogie : la seule forme qu'on peut approcher, toucher et boire. Roi par la lignée de Joseph, Prêtre par la lignée de Marie, il est le Roi-Prêtre éternel selon l'ordre de Melchisédek.

Saint-Esprit : La troisième Personne de la Trinité, présence active de Dieu en nous aujourd'hui. Il nous transforme, nous guide et nous accorde les capacités nécessaires à la mission. Il est la Vapeur dans l'analogie : invisible, imprévisible, agent de transformation radicale. C'est Lui que cet ouvrage appelle le Gouverneur.

Périchorèse : Mot grec signifiant « danse circulaire ». Désigne la manière dont les trois Personnes de la Trinité habitent l'une dans l'autre dans un mouvement d'amour éternel et parfait. Ce n'est pas une coexistence ; c'est une interpénétration totale où chaque Personne se donne entièrement aux deux autres.

Modalisme : Erreur théologique qui réduit la Trinité à trois rôles joués par un seul acteur changeant de costume selon les époques. Le modalisme nie la distinction réelle des Personnes. Il est condamné par les conciles de Nicée (325) et de Constantinople (381), qui ont confirmé que le Père, le Fils et l'Esprit sont trois Personnes véritablement distinctes.

Incarnation : Le mystère par lequel Dieu le Fils est devenu pleinement humain en Jésus de Nazareth, sans cesser d'être pleinement Dieu. Il ne s'est pas déguisé en homme : Il a assumé une nature humaine réelle, avec ses limites, ses besoins, ses souffrances. L'Incarnation est le fondement de la médiation : seul un homme pouvait racheter des hommes.

Dépouillement / Kénose : Du grec kenôsis (videment). Acte par lequel le Fils éternel a volontairement renoncé à l'usage indépendant de ses attributs divins pour vivre comme un homme parmi les hommes, dépendant de l'Esprit. Ce n'est pas l'abandon de sa divinité, mais son voilement : Dieu sous la forme d'un serviteur.

Modulateur : Métaphore désignant le rôle médiateur de Jésus-Christ. La sainteté du Père est une tension divine si élevée que la nature humaine pécheresse ne pourrait la supporter sans être consumée. En s'interposant à la Croix, Christ a calibré cette puissance, rendant possible ce qui semblait impossible : que le Dieu saint habite en des vases d'argile sans les détruire.

II. Le Saint-Esprit et Son Gouvernement

Gouverneur : Titre central de cet ouvrage pour désigner le Saint-Esprit. Dans les systèmes impériaux, le gouverneur est envoyé par le Roi pour administrer un territoire en son absence : il y incarne son autorité, y implante sa culture et y rend sa justice au nom du souverain. Le Saint-Esprit exerce exactement ce mandat non depuis un palais, mais depuis l'intérieur de chaque croyant, qu'Il fait ainsi devenir un avant-poste vivant du Royaume de Dieu sur la terre.

Parakletos /Consolateur : Terme grec signifiant littéralement « celui qui est appelé à nos côtés ». C'est l'un des noms que Jésus donne au Saint-Esprit **(Jn 14 :16**). Dans la culture juridique grecque, le parakletos est l'avocat qui se lève pour la défense de l'accusé. Le Gouverneur remplit ce rôle : quand l'accusateur dresse son réquisitoire contre le croyant, le Paraclèt se lève et présente la grâce comme réponse suffisante et définitive.

Dunamis : Mot grec signifiant « puissance, capacité, force agissante ». Désigne la puissance surnaturelle que le Saint-Esprit confère aux croyants pour accomplir la mission du Royaume non une force humaine perfectionnée, mais une énergie divine traversant un canal disponible. C'est cette dunamis que Jésus promit avant de monter au ciel : « Vous recevrez une puissance, le Saint-Esprit survenant sur vous » **(Ac 1 :8).** Le croyant ne la possède pas ; il en est l'intendant.

Ruach : Mot hébreu intraduisible en un seul terme français : il désigne à la fois souffle, vent et esprit. C'est la première manifestation de Dieu dans les Écritures, l'Esprit planant sur les eaux du chaos originel **(Gn 1 :2)** et la puissance qui donne la vie : à Adam, aux ossements desséchés d'Ézéchiel, à l'Église le jour de la Pentecôte. La Ruach ne se contrôle pas ; elle se reçoit, comme le vent que l'on ne voit pas mais dont on voit les effets.

Inhabitation : Réalité théologique décrivant la demeure permanente du Saint-Esprit dans le croyant depuis la Nouvelle Alliance. Contrairement à l'Ancienne Alliance où l'Esprit visitait les prophètes et les rois pour des missions précises, Il réside désormais de façon permanente et inconditionnelle dans tout croyant authentique. C'est le passage de l'hôte de passage à l'intendant légitime.

Pentecôte : Du grec pentêkostê (cinquantième jour). Jour de l'inauguration officielle du Gouverneur sur la Terre, cinquante jours après la Résurrection. C'est à la fois le premier cri de l'Église nouveau-née, l'installation formelle du Saint-Esprit comme Gouverneur permanent, et le lancement de la mission d'ambassade dans le monde. Ce Jour n'appartient pas uniquement au passé : il recommence à chaque conversion, à chaque vie où l'Esprit prend résidence.

Parrhēsia : Terme grec signifiant « liberté totale de parole » : parler sans peur, sans honte, sans dissimulation. C'est l'assurance royale que le Gouverneur confère à Ses ambassadeurs, non une confiance en soi, mais la hardiesse naturelle de celui qui sait qu'il représente le Roi des rois. La parrhēsia transforme des peureux en témoins, des hésitants en pionniers. Elle ne dépend pas du tempérament de celui qui parle, mais de la présence permanente de Celui qui parle à travers lui.

III. La Vie du Citoyen

Nouvelle Naissance / Régénération : Phénomène spirituel décrit par Jésus à Nicodème **(Jn 3)** : non une réforme de la conduite, mais une régénération totale de l'être intérieur. L'esprit de l'homme, autrefois mort par le péché, reçoit la vie divine et devient une nouvelle création. C'est le prérequis absolu du Royaume : on ne peut en exercer l'autorité sans en avoir d'abord acquis la nature. La conversion est le « oui » de l'homme à Dieu ; la Nouvelle Naissance est le « oui » de Dieu à l'homme.

Désynchronisation : Métaphore désignant l'état de l'esprit humain depuis la Chute. Le péché a rompu la fréquence de communion entre le Créateur et Sa créature, branchant l'homme sur une fréquence parasite. La Nouvelle Naissance est l'acte de resynchronisation : le câble vital, arraché à l'origine, est ressoudé par la Croix, et le Gouverneur réinstalle le courant divin à l'intérieur de l'homme.

Baptême : Du grec baptizô (plonger, immerger). Dans le Royaume, le baptême est la demande officielle de naturalisation : l'acte public par lequel le croyant change formellement d'allégeance, renonce à son ancienne citoyenneté et signe son entrée dans l'administration du Roi. Il ne crée pas l'appartenance, la Nouvelle Naissance le précède mais il la proclame devant les témoins du ciel et de la terre.

Sanctification : Le processus par lequel le Gouverneur façonne le caractère du citoyen à l'image du Roi. Double sens : Dieu nous déclare saints immédiatement à la Nouvelle Naissance (position), puis nous transforme progressivement pour le devenir vraiment (pratique). Ce n'est pas une vie de privations amères, mais la récupération progressive de notre dignité originelle, un combat noble que l'Esprit mène en nous, avec nous, jamais sans nous.

Marpé / Guérison : Mot hébreu désignant non seulement la guérison physique, mais un alignement parfait avec Dieu, un état de plénitude où nos pensées, nos paroles et nos actes vibrent à la même fréquence que la volonté divine. La guérison selon le Royaume est toujours plus que biologique : c'est une restauration de l'être entier, esprit, âme et corps.

Fruits de l'Esprit : Les neuf qualités de caractère que le Gouverneur développe naturellement dans le croyant qui demeure attaché au cep : amour, joie, paix, patience, bonté, bienveillance, fidélité, douceur, maîtrise de soi. Ils révèlent ce que nous sommes. Contrairement aux dons, ils ne se « reçoivent » pas ponctuellement : ils croissent, comme un fruit mûrit, par la sève de l'Esprit circulant dans un rameau qui consent à demeurer attaché.

Dons de l'Esprit : Les capacités surnaturelles que le Gouverneur distribue souverainement aux croyants pour le service du Royaume : prophétie, guérison, miracles, langues, discernement, etc. Ils révèlent ce que nous faisons. Le croyant n'en est pas le propriétaire mais l'intendant : un canal, non un réservoir. Exercés sans le fruit du caractère, ils deviennent dangereux ; exercés dans l'amour, ils rendent le message du Roi crédible et désirable.

IV. Le Citoyen et le Royaume

Ambassadeur : Citoyen du Royaume accrédité non par un diplôme ou un titre, mais par la présence permanente du Gouverneur en lui. L'ambassadeur ne parle pas en son propre nom : il transmet la volonté et la culture de son Gouvernement en territoire étranger. Sa légitimité repose sur trois piliers : ses lettres de créance (le sceau de l'Esprit), son caractère (le fruit de l'Esprit) et sa fidélité au Roi (l'obéissance à la Parole). Ses besoins sont entièrement couverts par le Royaume qui l'envoie.

Arrabon / Arrhes : Terme grec désignant un premier versement de même nature que le paiement final souvent un échantillon de la marchandise elle-même. Dans le Royaume, le Saint-Esprit est notre arrabon, non pas un symbole du ciel, mais une portion réelle de sa réalité injectée dans notre présent. Chaque guérison, chaque paix surnaturelle, chaque prière exaucée est une pièce de monnaie céleste garantissant que le Roi reviendra finaliser la transaction.

Sphragis / Sceau : Terme grec désignant la marque officielle de propriété et d'authenticité. Dans l'Antiquité, le sceau garantissait qu'un envoi n'avait pas été falsifié et attestait l'identité de l'expéditeur. En recevant le Saint-Esprit, le croyant reçoit le sceau de Dieu : une marque inaliénable qui déclare au monde visible et invisible, « Cet homme, cette femme, m'appartient. » Le sceau ne dépend d'aucune performance ; il est posé une fois pour toutes au moment de la foi.

V. Symboles et Images

Menorah : Le chandelier à sept branches du temple juif. Utilisé comme image de la Trinité : le fût central comme source dont procède toute lumière (le Père), les six branches tournées vers l'humanité (le Fils), l'huile et les sept flammes comme plénitude de l'Esprit. On ne peut couper une branche sans détruire l'intégrité de l'ensemble : de même, les trois Personnes divines ne peuvent être séparées sans dénaturer Dieu.

Onde Porteuse : Image moderne désignant le rôle du Saint-Esprit dans la communication de Dieu avec l'homme. Comme les ondes radio invisibles transportent un message depuis l'émetteur jusqu'au récepteur, le Saint-Esprit transporte la Parole du Père, la rend vivante et la fait résonner dans le cœur du croyant. Sans l'Onde, le message existe mais ne peut être reçu.

Roi-Personne : Souverain dont la présence et l'autorité sont liées à sa localisation physique. Il règne là où il se trouve, là où son corps est, là est son règne. C'est le modèle de toute royauté humaine, et celui de Jésus durant son ministère terrestre. C'est précisément cette limite géographique qui rendait nécessaire l'envoi d'un Gouverneur universel, capable d'administrer le Royaume depuis l'intérieur de chaque croyant, en tout lieu et en tout temps.

DU MÊME AUTEUR :

Vaincre l'addiction et la dépendance grâce à Jésus, 2024
www.editionsoasis.com

À trop vouloir être libre de penser, de s'exprimer et d'agir selon ses valeurs, ses croyances, ses besoins et ses désirs, l'homme moderne expérimente bien souvent l'effet inverse : il devient esclave de ce qui a triomphé de lui. Et comme il touche à de plus en plus de choses, toujours en recherche de nouvelles sensations, il devient accro à de multiples passions sans cesse renouvelées. Les tourments de son âme ne cessent jamais, car sa conscience l'accuse tantôt d'une manière tantôt d'une autre.

Qui peut nous empêcher de consommer ce qui est nuisible à notre corps, et par conséquent à notre vie et à nos relations avec nos proches, quand nous en sommes incapables par nos propres forces ? Les expériences que l'auteur a traversées l'ont amené à comprendre que Dieu est tout près de chacun d'entre nous et qu'il n'est pas indifférent à nos souffrances et nos problèmes en tous genres. Il est même celui qui peut nous en délivrer totalement !

Au fil des chapitres, nous découvrirons la grâce de Dieu au travers du sacrifice de Jésus-Christ et la vie abondante que nous avons en lui quand nous décidons de lui déposer nos fardeaux pour être débarrassés de notre vaine manière de vivre, en particulier de nos addictions et nos dépendances.

Des conseils pour tous, chrétiens ou non, fondés sur la Bible, la volonté parfaite de Dieu pour le bonheur des hommes !

***Révolutionner ses finances avec les principes Bibliques**, 2025*

Auto-éditions, Amazon KDP

Vous rencontrez des difficultés dans vos finances ? Vous échouez dans la gestion de vos affaires ? Vous pensez que le Seigneur se désintéresse de l'argent ?

Détrompez-vous. La Bible regorge de conseils et de principes qui ont le pouvoir de transformer votre vie et vos finances. S'il est vrai qu'elle n'est pas un manuel de gestion, elle est bien plus qu'un simple livre religieux.

Comme le prophète Habacuc dénonçait déjà l'accumulation de richesses par des moyens déshonnêtes et que l'auteur de la lettre aux Hébreux recommandait de ne pas aimer l'argent, ce livre vous invite à replacer votre cœur au bon endroit.

Personnellement, après avoir médité sur ces principes, je peux déclarer : *« Je ne donne plus pour recevoir, mais parce que j'ai la conviction que Dieu pourvoira toujours à mes besoins et à ceux de ma famille. »*

Loin des idées reçues, cet ouvrage vous aidera à passer de la peur du manque à une foi qui attire la prospérité. Vous y découvrirez des stratégies bibliques de réussite pour tracer votre chemin vers l'abondance et les bénédictions que Dieu a en réserve pour vous.

Êtes-vous prêt à y puiser la source de votre provision ?

www.ingramcontent.com/pod-product-compliance
Lightning Source LLC
LaVergne TN
LVHW090515110826
845146LV00003B/861

* 9 7 9 1 0 9 8 4 9 9 3 0 2 *